# FAMILY
# COOKBOOK
## RECIPE JOURNAL

# THIS BOOK BELONGS TO

..................................................

..................................................

# FAMILY COOKBOOK RECIPE JOURNAL

## A Blank Recipe Book for Family Favorites

ROCKRIDGE
PRESS

# HOW TO USE THIS RECIPE BOOK

This is a customizable book. It does not include predetermined recipe sections for breakfasts, appetizers, entrées, and so on. You choose the categories you'd like to include. Use the Contents at the front of the book to organize by meal type, contributor, ingredient, special diet, occasion . . . whatever you like! There are eight color-coded sections—the first four have space for 18 recipes, the second four sections each provide space for 28 recipes—allowing you to document 184 recipes and create an instant family keepsake.

*Bon appétit!*

# CONTENTS

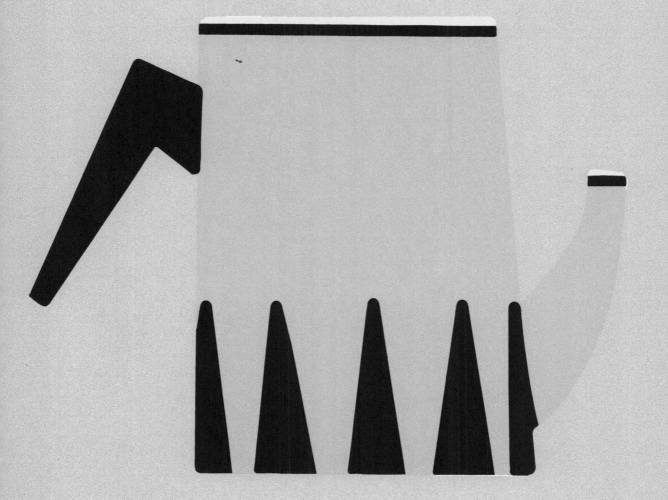

| RECIPE | PAGE |
|--------|------|
| | |
| | |
| | |
| | |
| | |
| | |
| | |
| | |
| | |
| | |
| | |
| | |
| | |
| | |
| | |
| | |
| | |

Recipe: ......................................................................................

Source: ......................................................................................

Serves: ............ Prep Time: ................ Cook Time: ..................

## Ingredients

## Instructions

.......................................................... ..................................................................................

.......................................................... ..................................................................................

.......................................................... ..................................................................................

.......................................................... ..................................................................................

.......................................................... ..................................................................................

.......................................................... ..................................................................................

.......................................................... ..................................................................................

.......................................................... ..................................................................................

.......................................................... ..................................................................................

.......................................................... ..................................................................................

.......................................................... ..................................................................................

.......................................................... ..................................................................................

.......................................................... ..................................................................................

.......................................................... ..................................................................................

.......................................................... ..................................................................................

## Notes

..................................................................................................................

..................................................................................................................

Recipe: ................................................................................

Source: ................................................................................

Serves: ............ Prep Time: ................ Cook Time: ..................

## Ingredients

................................................

................................................

................................................

................................................

................................................

................................................

................................................

................................................

................................................

................................................

................................................

................................................

................................................

................................................

## Instructions

..................................................................................

..................................................................................

..................................................................................

..................................................................................

..................................................................................

..................................................................................

..................................................................................

..................................................................................

..................................................................................

..................................................................................

..................................................................................

..................................................................................

..................................................................................

..................................................................................

## Notes

..................................................................................

..................................................................................

Recipe: .......................................................................................................

Source: .......................................................................................................

Serves: ............. Prep Time: ................ Cook Time: .................

## Ingredients

## Instructions

.........................................  ...............................................................

.........................................  ...............................................................

.........................................  ...............................................................

.........................................  ...............................................................

.........................................  ...............................................................

.........................................  ...............................................................

.........................................  ...............................................................

.........................................  ...............................................................

.........................................  ...............................................................

.........................................  ...............................................................

.........................................  ...............................................................

.........................................  ...............................................................

.........................................  ...............................................................

.........................................  ...............................................................

.........................................  ...............................................................

## Notes

...............................................................................................................

...............................................................................................................

Recipe: ......................................................................................

Source: ......................................................................................

Serves: ............ Prep Time: ............... Cook Time: ..................

## Ingredients

........................................................

........................................................

........................................................

........................................................

........................................................

........................................................

........................................................

........................................................

........................................................

........................................................

........................................................

........................................................

........................................................

........................................................

## Instructions

........................................................................................

........................................................................................

........................................................................................

........................................................................................

........................................................................................

........................................................................................

........................................................................................

........................................................................................

........................................................................................

........................................................................................

........................................................................................

........................................................................................

........................................................................................

........................................................................................

## Notes

........................................................................................

........................................................................................

Recipe: ..............................................................................................

Source: ..............................................................................................

Serves: ............ Prep Time: ................ Cook Time: ..................

## Ingredients

## Instructions

...............................................   .........................................................................................

...............................................   .........................................................................................

...............................................   .........................................................................................

...............................................   .........................................................................................

...............................................   .........................................................................................

...............................................   .........................................................................................

...............................................   .........................................................................................

...............................................   .........................................................................................

...............................................   .........................................................................................

...............................................   .........................................................................................

...............................................   .........................................................................................

...............................................   .........................................................................................

...............................................   .........................................................................................

...............................................   .........................................................................................

...............................................   .........................................................................................

## Notes

..............................................................................................................................................

..............................................................................................................................................

Recipe: ...........................................................................................

Source: ...........................................................................................

Serves: .............. Prep Time: ................ Cook Time: ...................

## Ingredients

.....................................................

.....................................................

.....................................................

.....................................................

.....................................................

.....................................................

.....................................................

.....................................................

.....................................................

.....................................................

.....................................................

.....................................................

.....................................................

.....................................................

.....................................................

## Instructions

.............................................................................................................

.............................................................................................................

.............................................................................................................

.............................................................................................................

.............................................................................................................

.............................................................................................................

.............................................................................................................

.............................................................................................................

.............................................................................................................

.............................................................................................................

.............................................................................................................

.............................................................................................................

.............................................................................................................

.............................................................................................................

.............................................................................................................

## Notes

.............................................................................................................

.............................................................................................................

Recipe: ..................................................................................

Source: ..................................................................................

Serves: ............ Prep Time: ................ Cook Time: ..................

## Ingredients

..............................................
..............................................
..............................................
..............................................
..............................................
..............................................
..............................................
..............................................
..............................................
..............................................
..............................................
..............................................
..............................................
..............................................
..............................................

## Instructions

.................................................................................
.................................................................................
.................................................................................
.................................................................................
.................................................................................
.................................................................................
.................................................................................
.................................................................................
.................................................................................
.................................................................................
.................................................................................
.................................................................................
.................................................................................
.................................................................................
.................................................................................

## Notes

.................................................................................
.................................................................................

Recipe: .................................................................................................

Source: .................................................................................................

Serves: ............. Prep Time: ................ Cook Time: .................

## Ingredients

## Instructions

..................................................  ...................................................................................

..................................................  ...................................................................................

..................................................  ...................................................................................

..................................................  ...................................................................................

..................................................  ...................................................................................

..................................................  ...................................................................................

..................................................  ...................................................................................

..................................................  ...................................................................................

..................................................  ...................................................................................

..................................................  ...................................................................................

..................................................  ...................................................................................

..................................................  ...................................................................................

..................................................  ...................................................................................

..................................................  ...................................................................................

..................................................  ...................................................................................

## Notes

.......................................................................................................................................

.......................................................................................................................................

Recipe: ......................................................................

Source: ......................................................................

Serves: ............ Prep Time: ................ Cook Time: ..................

## Ingredients

## Instructions

.................................................. ..................................................................

.................................................. ..................................................................

.................................................. ..................................................................

.................................................. ..................................................................

.................................................. ..................................................................

.................................................. ..................................................................

.................................................. ..................................................................

.................................................. ..................................................................

.................................................. ..................................................................

.................................................. ..................................................................

.................................................. ..................................................................

.................................................. ..................................................................

.................................................. ..................................................................

.................................................. ..................................................................

.................................................. ..................................................................

## Notes

..................................................................................................

..................................................................................................

Recipe: .............................................................................

Source: .............................................................................

Serves: ............ Prep Time: ............... Cook Time: .................

## Ingredients

.....................................................

.....................................................

.....................................................

.....................................................

.....................................................

.....................................................

.....................................................

.....................................................

.....................................................

.....................................................

.....................................................

.....................................................

.....................................................

.....................................................

.....................................................

## Instructions

.................................................................................

.................................................................................

.................................................................................

.................................................................................

.................................................................................

.................................................................................

.................................................................................

.................................................................................

.................................................................................

.................................................................................

.................................................................................

.................................................................................

.................................................................................

.................................................................................

.................................................................................

## Notes

.................................................................................

.................................................................................

Recipe: ..................................................................................

Source: ..................................................................................

Serves: ............ Prep Time: ................ Cook Time: ..................

## Ingredients

..............................................

..............................................

..............................................

..............................................

..............................................

..............................................

..............................................

..............................................

..............................................

..............................................

..............................................

..............................................

..............................................

..............................................

..............................................

## Instructions

..................................................................................

..................................................................................

..................................................................................

..................................................................................

..................................................................................

..................................................................................

..................................................................................

..................................................................................

..................................................................................

..................................................................................

..................................................................................

..................................................................................

..................................................................................

..................................................................................

..................................................................................

## Notes

..................................................................................

..................................................................................

Recipe: ....................................................................................

Source: ....................................................................................

Serves: ............ Prep Time: ................ Cook Time: .................

## Ingredients

## Instructions

..............................................    ...........................................................................

..............................................    ...........................................................................

..............................................    ...........................................................................

..............................................    ...........................................................................

..............................................    ...........................................................................

..............................................    ...........................................................................

..............................................    ...........................................................................

..............................................    ...........................................................................

..............................................    ...........................................................................

..............................................    ...........................................................................

..............................................    ...........................................................................

..............................................    ...........................................................................

..............................................    ...........................................................................

..............................................    ...........................................................................

..............................................    ...........................................................................

## Notes

....................................................................................................................................

....................................................................................................................................

Recipe: ...........................................................................................

Source: ...........................................................................................

Serves: ............ Prep Time: ................ Cook Time: ..................

## Ingredients

## Instructions

........................................

........................................

........................................

........................................

........................................

........................................

........................................

........................................

........................................

........................................

........................................

........................................

........................................

........................................

........................................

## Notes

...............................................................................................................................

...............................................................................................................................

Recipe: ...........................................................................................

Source: ...........................................................................................

Serves: ............ Prep Time: ................ Cook Time: .................

## Ingredients

........................................................

........................................................

........................................................

........................................................

........................................................

........................................................

........................................................

........................................................

........................................................

........................................................

........................................................

........................................................

........................................................

........................................................

........................................................

## Instructions

........................................................................................

........................................................................................

........................................................................................

........................................................................................

........................................................................................

........................................................................................

........................................................................................

........................................................................................

........................................................................................

........................................................................................

........................................................................................

........................................................................................

........................................................................................

........................................................................................

........................................................................................

## Notes

........................................................................................

........................................................................................

Recipe: .................................................................................

Source: .................................................................................

Serves: ............ Prep Time: ................ Cook Time: .................

## Ingredients

..............................................

..............................................

..............................................

..............................................

..............................................

..............................................

..............................................

..............................................

..............................................

..............................................

..............................................

..............................................

..............................................

..............................................

..............................................

## Instructions

.......................................................................................

.......................................................................................

.......................................................................................

.......................................................................................

.......................................................................................

.......................................................................................

.......................................................................................

.......................................................................................

.......................................................................................

.......................................................................................

.......................................................................................

.......................................................................................

.......................................................................................

.......................................................................................

## Notes

.......................................................................................

.......................................................................................

Recipe: ..........................................................................................

Source: ..........................................................................................

Serves: ............. Prep Time: ................ Cook Time: .................

## Ingredients

..........................................................

..........................................................

..........................................................

..........................................................

..........................................................

..........................................................

..........................................................

..........................................................

..........................................................

..........................................................

..........................................................

..........................................................

..........................................................

..........................................................

..........................................................

## Instructions

.....................................................................................

.....................................................................................

.....................................................................................

.....................................................................................

.....................................................................................

.....................................................................................

.....................................................................................

.....................................................................................

.....................................................................................

.....................................................................................

.....................................................................................

.....................................................................................

.....................................................................................

.....................................................................................

.....................................................................................

## Notes

.....................................................................................

.....................................................................................

Recipe: .......................................................................................

Source: .......................................................................................

Serves: ............ Prep Time: ................ Cook Time: ..................

## Ingredients

.................................................

.................................................

.................................................

.................................................

.................................................

.................................................

.................................................

.................................................

.................................................

.................................................

.................................................

.................................................

.................................................

.................................................

.................................................

## Instructions

.......................................................................................

.......................................................................................

.......................................................................................

.......................................................................................

.......................................................................................

.......................................................................................

.......................................................................................

.......................................................................................

.......................................................................................

.......................................................................................

.......................................................................................

.......................................................................................

.......................................................................................

.......................................................................................

.......................................................................................

## Notes

.......................................................................................

.......................................................................................

Recipe: ..................................................................................

Source: ..................................................................................

Serves: ............ Prep Time: ................ Cook Time: ..................

## Ingredients

.............................................

.............................................

.............................................

.............................................

.............................................

.............................................

.............................................

.............................................

.............................................

.............................................

.............................................

.............................................

.............................................

.............................................

.............................................

## Instructions

..................................................................................

..................................................................................

..................................................................................

..................................................................................

..................................................................................

..................................................................................

..................................................................................

..................................................................................

..................................................................................

..................................................................................

..................................................................................

..................................................................................

..................................................................................

..................................................................................

..................................................................................

## Notes

..................................................................................

..................................................................................

| RECIPE | PAGE |
|---|---|
| | |
| | |
| | |
| | |
| | |
| | |
| | |
| | |
| | |
| | |
| | |
| | |
| | |
| | |
| | |
| | |

Recipe: ...........................................................................................

Source: ...........................................................................................

Serves: ............. Prep Time: ................ Cook Time: ...................

## Ingredients

...........................................................
...........................................................
...........................................................
...........................................................
...........................................................
...........................................................
...........................................................
...........................................................
...........................................................
...........................................................
...........................................................
...........................................................
...........................................................
...........................................................
...........................................................

## Instructions

...........................................................................................................
...........................................................................................................
...........................................................................................................
...........................................................................................................
...........................................................................................................
...........................................................................................................
...........................................................................................................
...........................................................................................................
...........................................................................................................
...........................................................................................................
...........................................................................................................
...........................................................................................................
...........................................................................................................
...........................................................................................................
...........................................................................................................

## Notes

...........................................................................................................
...........................................................................................................

Recipe: ..................................................................................

Source: ..................................................................................

Serves: ............ Prep Time: ............... Cook Time: .................

## Ingredients

..............................................

..............................................

..............................................

..............................................

..............................................

..............................................

..............................................

..............................................

..............................................

..............................................

..............................................

..............................................

..............................................

..............................................

## Instructions

..............................................................................

..............................................................................

..............................................................................

..............................................................................

..............................................................................

..............................................................................

..............................................................................

..............................................................................

..............................................................................

..............................................................................

..............................................................................

..............................................................................

..............................................................................

..............................................................................

## Notes

..............................................................................

..............................................................................

Recipe: ....................................................................................

Source: ....................................................................................

Serves: ............ Prep Time: ................ Cook Time: ..................

## Ingredients

## Instructions

........................................

........................................

........................................

........................................

........................................

........................................

........................................

........................................

........................................

........................................

........................................

........................................

........................................

........................................

........................................

## Notes

........................................................................................................................

........................................................................................................................

Recipe: ..................................................................................

Source: ..................................................................................

Serves: ............ Prep Time: ................ Cook Time: .................

## Ingredients

..........................................................

..........................................................

..........................................................

..........................................................

..........................................................

..........................................................

..........................................................

..........................................................

..........................................................

..........................................................

..........................................................

..........................................................

..........................................................

..........................................................

..........................................................

..........................................................

## Instructions

.....................................................................................

.....................................................................................

.....................................................................................

.....................................................................................

.....................................................................................

.....................................................................................

.....................................................................................

.....................................................................................

.....................................................................................

.....................................................................................

.....................................................................................

.....................................................................................

.....................................................................................

.....................................................................................

.....................................................................................

.....................................................................................

## Notes

.....................................................................................

.....................................................................................

Recipe: ....................................................................................

Source: ....................................................................................

Serves: ............ Prep Time: ................ Cook Time: ..................

## Ingredients

.............................................................

.............................................................

.............................................................

.............................................................

.............................................................

.............................................................

.............................................................

.............................................................

.............................................................

.............................................................

.............................................................

.............................................................

.............................................................

.............................................................

.............................................................

.............................................................

## Instructions

....................................................................................

....................................................................................

....................................................................................

....................................................................................

....................................................................................

....................................................................................

....................................................................................

....................................................................................

....................................................................................

....................................................................................

....................................................................................

....................................................................................

....................................................................................

....................................................................................

....................................................................................

....................................................................................

## Notes

....................................................................................

....................................................................................

Recipe: ..............................................................................................

Source: ..............................................................................................

Serves: ............ Prep Time: ................ Cook Time: .................

## Ingredients

..............................................

..............................................

..............................................

..............................................

..............................................

..............................................

..............................................

..............................................

..............................................

..............................................

..............................................

..............................................

..............................................

..............................................

..............................................

## Instructions

..........................................................................................

..........................................................................................

..........................................................................................

..........................................................................................

..........................................................................................

..........................................................................................

..........................................................................................

..........................................................................................

..........................................................................................

..........................................................................................

..........................................................................................

..........................................................................................

..........................................................................................

..........................................................................................

..........................................................................................

## Notes

..............................................................................................................................

..............................................................................................................................

Recipe: ..............................................................................................

Source: ..............................................................................................

Serves: ............ Prep Time: ................ Cook Time: ..................

## Ingredients

.....................................................

.....................................................

.....................................................

.....................................................

.....................................................

.....................................................

.....................................................

.....................................................

.....................................................

.....................................................

.....................................................

.....................................................

.....................................................

.....................................................

.....................................................

## Instructions

..............................................................................................

..............................................................................................

..............................................................................................

..............................................................................................

..............................................................................................

..............................................................................................

..............................................................................................

..............................................................................................

..............................................................................................

..............................................................................................

..............................................................................................

..............................................................................................

..............................................................................................

..............................................................................................

..............................................................................................

## Notes

..............................................................................................

..............................................................................................

Recipe: ..................................................................................

Source: ..................................................................................

Serves: .............. Prep Time: ................. Cook Time: ..................

## Ingredients

..............................................

..............................................

..............................................

..............................................

..............................................

..............................................

..............................................

..............................................

..............................................

..............................................

..............................................

..............................................

..............................................

..............................................

..............................................

..............................................

## Instructions

..................................................................................

..................................................................................

..................................................................................

..................................................................................

..................................................................................

..................................................................................

..................................................................................

..................................................................................

..................................................................................

..................................................................................

..................................................................................

..................................................................................

..................................................................................

..................................................................................

..................................................................................

..................................................................................

## Notes

..................................................................................

..................................................................................

Recipe: .........................................................................................

Source: .........................................................................................

Serves: ............ Prep Time: ................ Cook Time: ..................

## Ingredients

## Instructions

...............................................

...............................................

...............................................

...............................................

...............................................

...............................................

...............................................

...............................................

...............................................

...............................................

...............................................

...............................................

...............................................

...............................................

...............................................

...............................................

## Notes

.........................................................................................................................

.........................................................................................................................

Recipe: ...........................................................................................................

Source: ...........................................................................................................

Serves: ............ Prep Time: ................ Cook Time: .................

## Ingredients

................................................

................................................

................................................

................................................

................................................

................................................

................................................

................................................

................................................

................................................

................................................

................................................

................................................

................................................

................................................

## Instructions

.......................................................................................................................

.......................................................................................................................

.......................................................................................................................

.......................................................................................................................

.......................................................................................................................

.......................................................................................................................

.......................................................................................................................

.......................................................................................................................

.......................................................................................................................

.......................................................................................................................

.......................................................................................................................

.......................................................................................................................

.......................................................................................................................

.......................................................................................................................

.......................................................................................................................

## Notes

.......................................................................................................................

.......................................................................................................................

Recipe: ..........................................................................................

Source: ..........................................................................................

Serves: ............. Prep Time: ................ Cook Time: .................

## Ingredients

## Instructions

......................................  ..............................................................................

......................................  ..............................................................................

......................................  ..............................................................................

......................................  ..............................................................................

......................................  ..............................................................................

......................................  ..............................................................................

......................................  ..............................................................................

......................................  ..............................................................................

......................................  ..............................................................................

......................................  ..............................................................................

......................................  ..............................................................................

......................................  ..............................................................................

......................................  ..............................................................................

......................................  ..............................................................................

......................................  ..............................................................................

## Notes

..........................................................................................

..........................................................................................

Recipe: ..................................................................................

Source: ..................................................................................

Serves: ............ Prep Time: ................. Cook Time: ..................

## Ingredients

.............................................................

.............................................................

.............................................................

.............................................................

.............................................................

.............................................................

.............................................................

.............................................................

.............................................................

.............................................................

.............................................................

.............................................................

.............................................................

.............................................................

.............................................................

## Instructions

...........................................................................................

...........................................................................................

...........................................................................................

...........................................................................................

...........................................................................................

...........................................................................................

...........................................................................................

...........................................................................................

...........................................................................................

...........................................................................................

...........................................................................................

...........................................................................................

...........................................................................................

...........................................................................................

...........................................................................................

## Notes

.........................................................................................................................

.........................................................................................................................

Recipe: ..........................................................................................

Source: ..........................................................................................

Serves: ............ Prep Time: ................ Cook Time: .................

## Ingredients

## Instructions

..............................................  ..............................................................................................

..............................................  ..............................................................................................

..............................................  ..............................................................................................

..............................................  ..............................................................................................

..............................................  ..............................................................................................

..............................................  ..............................................................................................

..............................................  ..............................................................................................

..............................................  ..............................................................................................

..............................................  ..............................................................................................

..............................................  ..............................................................................................

..............................................  ..............................................................................................

..............................................  ..............................................................................................

..............................................  ..............................................................................................

..............................................  ..............................................................................................

..............................................  ..............................................................................................

## Notes

..............................................................................................................................................

..............................................................................................................................................

Recipe: ......................................................................................

Source: ......................................................................................

Serves: ............ Prep Time: ................ Cook Time: ..................

## Ingredients

.............................................

.............................................

.............................................

.............................................

.............................................

.............................................

.............................................

.............................................

.............................................

.............................................

.............................................

.............................................

.............................................

.............................................

.............................................

.............................................

## Instructions

....................................................................................

....................................................................................

....................................................................................

....................................................................................

....................................................................................

....................................................................................

....................................................................................

....................................................................................

....................................................................................

....................................................................................

....................................................................................

....................................................................................

....................................................................................

....................................................................................

....................................................................................

....................................................................................

## Notes

....................................................................................

....................................................................................

Recipe: ..........................................................................................

Source: ..........................................................................................

Serves: ............ Prep Time: ................ Cook Time: ..................

## Ingredients

..............................................................

..............................................................

..............................................................

..............................................................

..............................................................

..............................................................

..............................................................

..............................................................

..............................................................

..............................................................

..............................................................

..............................................................

..............................................................

..............................................................

..............................................................

## Instructions

..........................................................................................

..........................................................................................

..........................................................................................

..........................................................................................

..........................................................................................

..........................................................................................

..........................................................................................

..........................................................................................

..........................................................................................

..........................................................................................

..........................................................................................

..........................................................................................

..........................................................................................

..........................................................................................

..........................................................................................

## Notes

..........................................................................................

..........................................................................................

Recipe: ..............................................................................................

Source: ..............................................................................................

Serves: ............ Prep Time: ................ Cook Time: .................

## Ingredients

## Instructions

.......................................................    ...................................................................................................

.......................................................    ...................................................................................................

.......................................................    ...................................................................................................

.......................................................    ...................................................................................................

.......................................................    ...................................................................................................

.......................................................    ...................................................................................................

.......................................................    ...................................................................................................

.......................................................    ...................................................................................................

.......................................................    ...................................................................................................

.......................................................    ...................................................................................................

.......................................................    ...................................................................................................

.......................................................    ...................................................................................................

.......................................................    ...................................................................................................

.......................................................    ...................................................................................................

.......................................................    ...................................................................................................

## Notes

..................................................................................................................................................................

..................................................................................................................................................................

Recipe: ..............................................................................

Source: ..............................................................................

Serves: ............ Prep Time: ................ Cook Time: ..................

## Ingredients

..........................................

..........................................

..........................................

..........................................

..........................................

..........................................

..........................................

..........................................

..........................................

..........................................

..........................................

..........................................

..........................................

..........................................

..........................................

## Instructions

..............................................................................

..............................................................................

..............................................................................

..............................................................................

..............................................................................

..............................................................................

..............................................................................

..............................................................................

..............................................................................

..............................................................................

..............................................................................

..............................................................................

..............................................................................

..............................................................................

..............................................................................

## Notes

..............................................................................

..............................................................................

Recipe: ....................................................................

Source: ....................................................................

Serves: ............ Prep Time: ............... Cook Time: ..................

## Ingredients

....................................................

....................................................

....................................................

....................................................

....................................................

....................................................

....................................................

....................................................

....................................................

....................................................

....................................................

....................................................

....................................................

....................................................

....................................................

## Instructions

....................................................................

....................................................................

....................................................................

....................................................................

....................................................................

....................................................................

....................................................................

....................................................................

....................................................................

....................................................................

....................................................................

....................................................................

....................................................................

....................................................................

....................................................................

## Notes

....................................................................

....................................................................

| RECIPE | PAGE |
|--------|------|
| | |
| | |
| | |
| | |
| | |
| | |
| | |
| | |
| | |
| | |
| | |
| | |
| | |
| | |
| | |
| | |

Recipe: .............................................................................................

Source: .............................................................................................

Serves: ............. Prep Time: ................ Cook Time: ..................

## Ingredients

.........................................
.........................................
.........................................
.........................................
.........................................
.........................................
.........................................
.........................................
.........................................
.........................................
.........................................
.........................................
.........................................
.........................................
.........................................
.........................................

## Instructions

.................................................................................................
.................................................................................................
.................................................................................................
.................................................................................................
.................................................................................................
.................................................................................................
.................................................................................................
.................................................................................................
.................................................................................................
.................................................................................................
.................................................................................................
.................................................................................................
.................................................................................................
.................................................................................................
.................................................................................................
.................................................................................................

## Notes

.................................................................................................
.................................................................................................

Recipe: ...............................................................................................

Source: ...............................................................................................

Serves: ............ Prep Time: ............... Cook Time: .................

## Ingredients

...................................................

...................................................

...................................................

...................................................

...................................................

...................................................

...................................................

...................................................

...................................................

...................................................

...................................................

...................................................

...................................................

...................................................

...................................................

## Instructions

...................................................................................

...................................................................................

...................................................................................

...................................................................................

...................................................................................

...................................................................................

...................................................................................

...................................................................................

...................................................................................

...................................................................................

...................................................................................

...................................................................................

...................................................................................

...................................................................................

...................................................................................

## Notes

...................................................................................

...................................................................................

Recipe: ......................................................................................

Source: ......................................................................................

Serves: ............ Prep Time: ................ Cook Time: ..................

## Ingredients

## Instructions

...............................................    ...................................................................................

...............................................    ...................................................................................

...............................................    ...................................................................................

...............................................    ...................................................................................

...............................................    ...................................................................................

...............................................    ...................................................................................

...............................................    ...................................................................................

...............................................    ...................................................................................

...............................................    ...................................................................................

...............................................    ...................................................................................

...............................................    ...................................................................................

...............................................    ...................................................................................

...............................................    ...................................................................................

...............................................    ...................................................................................

...............................................    ...................................................................................

## Notes

......................................................................................................................................

......................................................................................................................................

Recipe: ..............................................................................

Source: ..............................................................................

Serves: ............ Prep Time: ............... Cook Time: ................

## Ingredients

## Instructions

.................................................. ............................................................................

.................................................. ............................................................................

.................................................. ............................................................................

.................................................. ............................................................................

.................................................. ............................................................................

.................................................. ............................................................................

.................................................. ............................................................................

.................................................. ............................................................................

.................................................. ............................................................................

.................................................. ............................................................................

.................................................. ............................................................................

.................................................. ............................................................................

.................................................. ............................................................................

.................................................. ............................................................................

.................................................. ............................................................................

## Notes

............................................................................................................................

............................................................................................................................

Recipe: ....................................................................................

Source: ....................................................................................

Serves: ............ Prep Time: ................ Cook Time: ..................

## Ingredients

## Instructions

......................................

......................................

......................................

......................................

......................................

......................................

......................................

......................................

......................................

......................................

......................................

......................................

......................................

......................................

......................................

......................................

## Notes

....................................................................................

....................................................................................

Recipe: ...............................................................................

Source: ...............................................................................

Serves: ............ Prep Time: ................ Cook Time: .................

## Ingredients

...........................................

...........................................

...........................................

...........................................

...........................................

...........................................

...........................................

...........................................

...........................................

...........................................

...........................................

...........................................

...........................................

...........................................

...........................................

## Instructions

.............................................................................

.............................................................................

.............................................................................

.............................................................................

.............................................................................

.............................................................................

.............................................................................

.............................................................................

.............................................................................

.............................................................................

.............................................................................

.............................................................................

.............................................................................

.............................................................................

.............................................................................

## Notes

...............................................................................................................

...............................................................................................................

Recipe: ................................................................................

Source: ................................................................................

Serves: ............ Prep Time: ............... Cook Time: ..................

## Ingredients

........................................

........................................

........................................

........................................

........................................

........................................

........................................

........................................

........................................

........................................

........................................

........................................

........................................

........................................

........................................

## Instructions

..................................................................................

..................................................................................

..................................................................................

..................................................................................

..................................................................................

..................................................................................

..................................................................................

..................................................................................

..................................................................................

..................................................................................

..................................................................................

..................................................................................

..................................................................................

..................................................................................

..................................................................................

## Notes

..................................................................................

..................................................................................

Recipe: ........................................................................................

Source: ........................................................................................

Serves: ............ Prep Time: ................ Cook Time: .................

## Ingredients

## Instructions

...........................................    ................................................................

...........................................    ................................................................

...........................................    ................................................................

...........................................    ................................................................

...........................................    ................................................................

...........................................    ................................................................

...........................................    ................................................................

...........................................    ................................................................

...........................................    ................................................................

...........................................    ................................................................

...........................................    ................................................................

...........................................    ................................................................

...........................................    ................................................................

...........................................    ................................................................

...........................................    ................................................................

## Notes

........................................................................................

........................................................................................

Recipe: ..................................................................................

Source: ..................................................................................

Serves: ............ Prep Time: ............... Cook Time: .................

## Ingredients

## Instructions

..........................................  ..........................................................................

..........................................  ..........................................................................

..........................................  ..........................................................................

..........................................  ..........................................................................

..........................................  ..........................................................................

..........................................  ..........................................................................

..........................................  ..........................................................................

..........................................  ..........................................................................

..........................................  ..........................................................................

..........................................  ..........................................................................

..........................................  ..........................................................................

..........................................  ..........................................................................

..........................................  ..........................................................................

..........................................  ..........................................................................

..........................................  ..........................................................................

## Notes

..................................................................................................................

..................................................................................................................

Recipe: .......................................................................................

Source: .......................................................................................

Serves: ............ Prep Time: ................ Cook Time: ..................

## Ingredients

........................................
........................................
........................................
........................................
........................................
........................................
........................................
........................................
........................................
........................................
........................................
........................................
........................................
........................................
........................................

## Instructions

..................................................................................
..................................................................................
..................................................................................
..................................................................................
..................................................................................
..................................................................................
..................................................................................
..................................................................................
..................................................................................
..................................................................................
..................................................................................
..................................................................................
..................................................................................
..................................................................................
..................................................................................

## Notes

..................................................................................................................
..................................................................................................................

Recipe: ...............................................................................................

Source: ...............................................................................................

Serves: ............. Prep Time: ................. Cook Time: .................

## Ingredients

## Instructions

.................................................... ....................................................................................

.................................................... ....................................................................................

.................................................... ....................................................................................

.................................................... ....................................................................................

.................................................... ....................................................................................

.................................................... ....................................................................................

.................................................... ....................................................................................

.................................................... ....................................................................................

.................................................... ....................................................................................

.................................................... ....................................................................................

.................................................... ....................................................................................

.................................................... ....................................................................................

.................................................... ....................................................................................

.................................................... ....................................................................................

.................................................... ....................................................................................

## Notes

...............................................................................................

...............................................................................................

Recipe: .................................................................................

Source: .................................................................................

Serves: ............ Prep Time: ................ Cook Time: ..................

## Ingredients

## Instructions

..........................................    ......................................................................

..........................................    ......................................................................

..........................................    ......................................................................

..........................................    ......................................................................

..........................................    ......................................................................

..........................................    ......................................................................

..........................................    ......................................................................

..........................................    ......................................................................

..........................................    ......................................................................

..........................................    ......................................................................

..........................................    ......................................................................

..........................................    ......................................................................

..........................................    ......................................................................

..........................................    ......................................................................

..........................................    ......................................................................

## Notes

.......................................................................................................................

.......................................................................................................................

Recipe: ..............................................................................

Source: ..............................................................................

Serves: ............ Prep Time: ............... Cook Time: ..................

## Ingredients

## Instructions

..........................................  ........................................................................................

..........................................  ........................................................................................

..........................................  ........................................................................................

..........................................  ........................................................................................

..........................................  ........................................................................................

..........................................  ........................................................................................

..........................................  ........................................................................................

..........................................  ........................................................................................

..........................................  ........................................................................................

..........................................  ........................................................................................

..........................................  ........................................................................................

..........................................  ........................................................................................

..........................................  ........................................................................................

..........................................  ........................................................................................

..........................................  ........................................................................................

..........................................  ........................................................................................

## Notes

........................................................................................................................................

........................................................................................................................................

Recipe: ..............................................................................

Source: ..............................................................................

Serves: ............ Prep Time: ................ Cook Time: .................

## Ingredients

........................................
........................................
........................................
........................................
........................................
........................................
........................................
........................................
........................................
........................................
........................................
........................................
........................................
........................................
........................................

## Instructions

.................................................................................
.................................................................................
.................................................................................
.................................................................................
.................................................................................
.................................................................................
.................................................................................
.................................................................................
.................................................................................
.................................................................................
.................................................................................
.................................................................................
.................................................................................
.................................................................................
.................................................................................

## Notes

.................................................................................
.................................................................................

Recipe: ..............................................................................................................

Source: ..............................................................................................................

Serves: ............ Prep Time: ............... Cook Time: ..................

## Ingredients

## Instructions

..............................................    ..............................................................................................

..............................................    ..............................................................................................

..............................................    ..............................................................................................

..............................................    ..............................................................................................

..............................................    ..............................................................................................

..............................................    ..............................................................................................

..............................................    ..............................................................................................

..............................................    ..............................................................................................

..............................................    ..............................................................................................

..............................................    ..............................................................................................

..............................................    ..............................................................................................

..............................................    ..............................................................................................

..............................................    ..............................................................................................

..............................................    ..............................................................................................

..............................................    ..............................................................................................

..............................................    ..............................................................................................

## Notes

..............................................................................................................................

..............................................................................................................................

Recipe: ..............................................................................................

Source: ..............................................................................................

Serves: ............ Prep Time: ................ Cook Time: .................

## Ingredients

## Instructions

...........................................  .........................................................................................

...........................................  .........................................................................................

...........................................  .........................................................................................

...........................................  .........................................................................................

...........................................  .........................................................................................

...........................................  .........................................................................................

...........................................  .........................................................................................

...........................................  .........................................................................................

...........................................  .........................................................................................

...........................................  .........................................................................................

...........................................  .........................................................................................

...........................................  .........................................................................................

...........................................  .........................................................................................

...........................................  .........................................................................................

...........................................  .........................................................................................

## Notes

...............................................................................................................................................

...............................................................................................................................................

Recipe: ...........................................................................................

Source: ...........................................................................................

Serves: ............ Prep Time: ................ Cook Time: ..................

## Ingredients

..............................................................

..............................................................

..............................................................

..............................................................

..............................................................

..............................................................

..............................................................

..............................................................

..............................................................

..............................................................

..............................................................

..............................................................

..............................................................

..............................................................

..............................................................

## Instructions

...........................................................................................

...........................................................................................

...........................................................................................

...........................................................................................

...........................................................................................

...........................................................................................

...........................................................................................

...........................................................................................

...........................................................................................

...........................................................................................

...........................................................................................

...........................................................................................

...........................................................................................

...........................................................................................

...........................................................................................

## Notes

...........................................................................................

...........................................................................................

Recipe: ....................................................................................

Source: ....................................................................................

Serves: ............ Prep Time: ............... Cook Time: .................

## Ingredients

....................................................

....................................................

....................................................

....................................................

....................................................

....................................................

....................................................

....................................................

....................................................

....................................................

....................................................

....................................................

....................................................

....................................................

....................................................

## Instructions

....................................................................................

....................................................................................

....................................................................................

....................................................................................

....................................................................................

....................................................................................

....................................................................................

....................................................................................

....................................................................................

....................................................................................

....................................................................................

....................................................................................

....................................................................................

....................................................................................

....................................................................................

## Notes

....................................................................................

....................................................................................

SECTION

RECIPE                                                                PAGE

........................................................................................    ..................

........................................................................................    ..................

........................................................................................    ..................

........................................................................................    ..................

........................................................................................    ..................

........................................................................................    ..................

........................................................................................    ..................

........................................................................................    ..................

........................................................................................    ..................

........................................................................................    ..................

........................................................................................    ..................

........................................................................................    ..................

........................................................................................    ..................

........................................................................................    ..................

........................................................................................    ..................

........................................................................................    ..................

........................................................................................    ..................

Recipe: ...............................................................................

Source: ...............................................................................

Serves: ............ Prep Time: ................ Cook Time: ..................

## Ingredients

...............................................

...............................................

...............................................

...............................................

...............................................

...............................................

...............................................

...............................................

...............................................

...............................................

...............................................

...............................................

...............................................

...............................................

## Instructions

.................................................................................

.................................................................................

.................................................................................

.................................................................................

.................................................................................

.................................................................................

.................................................................................

.................................................................................

.................................................................................

.................................................................................

.................................................................................

.................................................................................

.................................................................................

.................................................................................

## Notes

.................................................................................

.................................................................................

Recipe: .................................................................................

Source: .................................................................................

Serves: ............ Prep Time: ................ Cook Time: .................

## Ingredients

## Instructions

..............................................    ...................................................................................

..............................................    ...................................................................................

..............................................    ...................................................................................

..............................................    ...................................................................................

..............................................    ...................................................................................

..............................................    ...................................................................................

..............................................    ...................................................................................

..............................................    ...................................................................................

..............................................    ...................................................................................

..............................................    ...................................................................................

..............................................    ...................................................................................

..............................................    ...................................................................................

..............................................    ...................................................................................

..............................................    ...................................................................................

..............................................    ...................................................................................

## Notes

.........................................................................................................................................

.........................................................................................................................................

Recipe: ..............................................................................................

Source: ..............................................................................................

Serves: ............ Prep Time: ................ Cook Time: .................

## Ingredients

.............................................................

.............................................................

.............................................................

.............................................................

.............................................................

.............................................................

.............................................................

.............................................................

.............................................................

.............................................................

.............................................................

.............................................................

.............................................................

.............................................................

.............................................................

## Instructions

..................................................................................................................

..................................................................................................................

..................................................................................................................

..................................................................................................................

..................................................................................................................

..................................................................................................................

..................................................................................................................

..................................................................................................................

..................................................................................................................

..................................................................................................................

..................................................................................................................

..................................................................................................................

..................................................................................................................

..................................................................................................................

..................................................................................................................

## Notes

..................................................................................................................

..................................................................................................................

Recipe: ..............................................................................

Source: ..............................................................................

Serves: ............. Prep Time: ............... Cook Time: ..................

## Ingredients

..........................................

..........................................

..........................................

..........................................

..........................................

..........................................

..........................................

..........................................

..........................................

..........................................

..........................................

..........................................

..........................................

..........................................

## Instructions

..................................................................................

..................................................................................

..................................................................................

..................................................................................

..................................................................................

..................................................................................

..................................................................................

..................................................................................

..................................................................................

..................................................................................

..................................................................................

..................................................................................

..................................................................................

..................................................................................

## Notes

..................................................................................

..................................................................................

Recipe: ..........................................................................

Source: ..........................................................................

Serves: ............ Prep Time: ................ Cook Time: ..................

## Ingredients

...........................................................

...........................................................

...........................................................

...........................................................

...........................................................

...........................................................

...........................................................

...........................................................

...........................................................

...........................................................

...........................................................

...........................................................

...........................................................

...........................................................

...........................................................

## Instructions

..................................................................................

..................................................................................

..................................................................................

..................................................................................

..................................................................................

..................................................................................

..................................................................................

..................................................................................

..................................................................................

..................................................................................

..................................................................................

..................................................................................

..................................................................................

..................................................................................

..................................................................................

## Notes

..................................................................................

..................................................................................

Recipe: ........................................................................................

Source: ........................................................................................

Serves: ............ Prep Time: ................ Cook Time: ..................

## Ingredients

..............................................

..............................................

..............................................

..............................................

..............................................

..............................................

..............................................

..............................................

..............................................

..............................................

..............................................

..............................................

..............................................

..............................................

..............................................

## Instructions

.................................................................................

.................................................................................

.................................................................................

.................................................................................

.................................................................................

.................................................................................

.................................................................................

.................................................................................

.................................................................................

.................................................................................

.................................................................................

.................................................................................

.................................................................................

.................................................................................

.................................................................................

## Notes

.................................................................................

.................................................................................

Recipe: .....................................................................................................

Source: .....................................................................................................

Serves: ............. Prep Time: ................. Cook Time: ...................

## Ingredients

## Instructions

....................................................  ..............................................................................

....................................................  ..............................................................................

....................................................  ..............................................................................

....................................................  ..............................................................................

....................................................  ..............................................................................

....................................................  ..............................................................................

....................................................  ..............................................................................

....................................................  ..............................................................................

....................................................  ..............................................................................

....................................................  ..............................................................................

....................................................  ..............................................................................

....................................................  ..............................................................................

....................................................  ..............................................................................

....................................................  ..............................................................................

....................................................  ..............................................................................

## Notes

.........................................................................................................................................

.........................................................................................................................................

Recipe: .................................................................................................

Source: .................................................................................................

Serves: ............. Prep Time: ................. Cook Time: ...................

## Ingredients

.....................................................

.....................................................

.....................................................

.....................................................

.....................................................

.....................................................

.....................................................

.....................................................

.....................................................

.....................................................

.....................................................

.....................................................

.....................................................

.....................................................

.....................................................

## Instructions

.................................................................................................

.................................................................................................

.................................................................................................

.................................................................................................

.................................................................................................

.................................................................................................

.................................................................................................

.................................................................................................

.................................................................................................

.................................................................................................

.................................................................................................

.................................................................................................

.................................................................................................

.................................................................................................

.................................................................................................

## Notes

.................................................................................................

.................................................................................................

Recipe: .........................................................................................

Source: .........................................................................................

Serves: ............ Prep Time: ................ Cook Time: ..................

## Ingredients

..........................................

..........................................

..........................................

..........................................

..........................................

..........................................

..........................................

..........................................

..........................................

..........................................

..........................................

..........................................

..........................................

..........................................

..........................................

## Instructions

...............................................................................................

...............................................................................................

...............................................................................................

...............................................................................................

...............................................................................................

...............................................................................................

...............................................................................................

...............................................................................................

...............................................................................................

...............................................................................................

...............................................................................................

...............................................................................................

...............................................................................................

...............................................................................................

...............................................................................................

## Notes

...............................................................................................

...............................................................................................

Recipe: ......................................................................................

Source: ......................................................................................

Serves: ............ Prep Time: ............... Cook Time: ...............

## Ingredients

..........................................................

..........................................................

..........................................................

..........................................................

..........................................................

..........................................................

..........................................................

..........................................................

..........................................................

..........................................................

..........................................................

..........................................................

..........................................................

..........................................................

..........................................................

## Instructions

......................................................................................

......................................................................................

......................................................................................

......................................................................................

......................................................................................

......................................................................................

......................................................................................

......................................................................................

......................................................................................

......................................................................................

......................................................................................

......................................................................................

......................................................................................

......................................................................................

## Notes

......................................................................................

......................................................................................

Recipe: .................................................................................................

Source: .................................................................................................

Serves: ............. Prep Time: ................. Cook Time: ...................

## Ingredients

.............................................................

.............................................................

.............................................................

.............................................................

.............................................................

.............................................................

.............................................................

.............................................................

.............................................................

.............................................................

.............................................................

.............................................................

.............................................................

.............................................................

.............................................................

## Instructions

.................................................................................................

.................................................................................................

.................................................................................................

.................................................................................................

.................................................................................................

.................................................................................................

.................................................................................................

.................................................................................................

.................................................................................................

.................................................................................................

.................................................................................................

.................................................................................................

.................................................................................................

.................................................................................................

.................................................................................................

## Notes

.................................................................................................

.................................................................................................

Recipe: ..................................................................................

Source: ..................................................................................

Serves: ............ Prep Time: ................ Cook Time: .................

## Ingredients

## Instructions

..............................................    ..................................................................................

..............................................    ..................................................................................

..............................................    ..................................................................................

..............................................    ..................................................................................

..............................................    ..................................................................................

..............................................    ..................................................................................

..............................................    ..................................................................................

..............................................    ..................................................................................

..............................................    ..................................................................................

..............................................    ..................................................................................

..............................................    ..................................................................................

..............................................    ..................................................................................

..............................................    ..................................................................................

..............................................    ..................................................................................

## Notes

..................................................................................................................

..................................................................................................................

Recipe: ......................................................................

Source: ......................................................................

Serves: ............ Prep Time: ............... Cook Time: ..................

## Ingredients

......................................................

......................................................

......................................................

......................................................

......................................................

......................................................

......................................................

......................................................

......................................................

......................................................

......................................................

......................................................

......................................................

......................................................

......................................................

## Instructions

......................................................................

......................................................................

......................................................................

......................................................................

......................................................................

......................................................................

......................................................................

......................................................................

......................................................................

......................................................................

......................................................................

......................................................................

......................................................................

......................................................................

......................................................................

## Notes

......................................................................

......................................................................

Recipe: ............................................................

Source: ............................................................

Serves: ............ Prep Time: ............... Cook Time: ................

## Ingredients

..............................................

..............................................

..............................................

..............................................

..............................................

..............................................

..............................................

..............................................

..............................................

..............................................

..............................................

..............................................

..............................................

..............................................

..............................................

## Instructions

..............................................................................

..............................................................................

..............................................................................

..............................................................................

..............................................................................

..............................................................................

..............................................................................

..............................................................................

..............................................................................

..............................................................................

..............................................................................

..............................................................................

..............................................................................

..............................................................................

..............................................................................

## Notes

..............................................................................

..............................................................................

Recipe: ......................................................................................

Source: ......................................................................................

Serves: ............ Prep Time: ............... Cook Time: .................

## Ingredients

## Instructions

......................................... .................................................................

......................................... .................................................................

......................................... .................................................................

......................................... .................................................................

......................................... .................................................................

......................................... .................................................................

......................................... .................................................................

......................................... .................................................................

......................................... .................................................................

......................................... .................................................................

......................................... .................................................................

......................................... .................................................................

......................................... .................................................................

......................................... .................................................................

......................................... .................................................................

## Notes

.......................................................................................................

.......................................................................................................

Recipe: ..............................................................................

Source: ..............................................................................

Serves: ............ Prep Time: ............... Cook Time: ...............

## Ingredients

## Instructions

....................................    ..............................................................

....................................    ..............................................................

....................................    ..............................................................

....................................    ..............................................................

....................................    ..............................................................

....................................    ..............................................................

....................................    ..............................................................

....................................    ..............................................................

....................................    ..............................................................

....................................    ..............................................................

....................................    ..............................................................

....................................    ..............................................................

....................................    ..............................................................

....................................    ..............................................................

## Notes

..............................................................................

..............................................................................

Recipe: ...............................................................................

Source: ...............................................................................

Serves: ............ Prep Time: ................ Cook Time: ..................

## Ingredients

## Instructions

....................................................... ...............................................................................

....................................................... ...............................................................................

....................................................... ...............................................................................

....................................................... ...............................................................................

....................................................... ...............................................................................

....................................................... ...............................................................................

....................................................... ...............................................................................

....................................................... ...............................................................................

....................................................... ...............................................................................

....................................................... ...............................................................................

....................................................... ...............................................................................

....................................................... ...............................................................................

....................................................... ...............................................................................

....................................................... ...............................................................................

....................................................... ...............................................................................

## Notes

...............................................................................

...............................................................................

Recipe: ....................................................................................

Source: ....................................................................................

Serves: ............ Prep Time: ................ Cook Time: ..................

## Ingredients

....................................................
....................................................
....................................................
....................................................
....................................................
....................................................
....................................................
....................................................
....................................................
....................................................
....................................................
....................................................
....................................................
....................................................
....................................................

## Instructions

....................................................................................
....................................................................................
....................................................................................
....................................................................................
....................................................................................
....................................................................................
....................................................................................
....................................................................................
....................................................................................
....................................................................................
....................................................................................
....................................................................................
....................................................................................
....................................................................................
....................................................................................

## Notes

....................................................................................
....................................................................................

SECTION

| RECIPE | PAGE | RECIPE | PAGE |
|--------|------|--------|------|
|  |  |  |  |
|  |  |  |  |
|  |  |  |  |
|  |  |  |  |
|  |  |  |  |
|  |  |  |  |
|  |  |  |  |
|  |  |  |  |
|  |  |  |  |
|  |  |  |  |
|  |  |  |  |
|  |  |  |  |
|  |  |  |  |

Recipe: ..............................................................................................

Source: ..............................................................................................

Serves: ............ Prep Time: ............... Cook Time: .................

## Ingredients

## Instructions

...................................................  ....................................................................................

...................................................  ....................................................................................

...................................................  ....................................................................................

...................................................  ....................................................................................

...................................................  ....................................................................................

...................................................  ....................................................................................

...................................................  ....................................................................................

...................................................  ....................................................................................

...................................................  ....................................................................................

...................................................  ....................................................................................

...................................................  ....................................................................................

...................................................  ....................................................................................

...................................................  ....................................................................................

...................................................  ....................................................................................

...................................................  ....................................................................................

## Notes

....................................................................................................................................

....................................................................................................................................

Recipe: ...........................................................................................

Source: ...........................................................................................

Serves: ............. Prep Time: ................ Cook Time: .................

## Ingredients

..........................................................

..........................................................

..........................................................

..........................................................

..........................................................

..........................................................

..........................................................

..........................................................

..........................................................

..........................................................

..........................................................

..........................................................

..........................................................

..........................................................

..........................................................

..........................................................

## Instructions

..........................................................................................

..........................................................................................

..........................................................................................

..........................................................................................

..........................................................................................

..........................................................................................

..........................................................................................

..........................................................................................

..........................................................................................

..........................................................................................

..........................................................................................

..........................................................................................

..........................................................................................

..........................................................................................

..........................................................................................

..........................................................................................

## Notes

..........................................................................................

..........................................................................................

Recipe: ..............................................................................

Source: ..............................................................................

Serves: ............ Prep Time: ............... Cook Time: .................

## Ingredients

..................................................

..................................................

..................................................

..................................................

..................................................

..................................................

..................................................

..................................................

..................................................

..................................................

..................................................

..................................................

..................................................

..................................................

..................................................

## Instructions

..............................................................................

..............................................................................

..............................................................................

..............................................................................

..............................................................................

..............................................................................

..............................................................................

..............................................................................

..............................................................................

..............................................................................

..............................................................................

..............................................................................

..............................................................................

..............................................................................

..............................................................................

## Notes

..............................................................................

..............................................................................

Recipe: ..............................................................................................

Source: ..............................................................................................

Serves: ............ Prep Time: ................ Cook Time: ..................

## Ingredients

...............................................

...............................................

...............................................

...............................................

...............................................

...............................................

...............................................

...............................................

...............................................

...............................................

...............................................

...............................................

...............................................

...............................................

...............................................

## Instructions

.................................................................................................

.................................................................................................

.................................................................................................

.................................................................................................

.................................................................................................

.................................................................................................

.................................................................................................

.................................................................................................

.................................................................................................

.................................................................................................

.................................................................................................

.................................................................................................

.................................................................................................

.................................................................................................

.................................................................................................

## Notes

.................................................................................................

.................................................................................................

Recipe: .........................................................................................

Source: .........................................................................................

Serves: ............ Prep Time: ................ Cook Time: .................

## Ingredients

## Instructions

.....................................................    .........................................................................................

.....................................................    .........................................................................................

.....................................................    .........................................................................................

.....................................................    .........................................................................................

.....................................................    .........................................................................................

.....................................................    .........................................................................................

.....................................................    .........................................................................................

.....................................................    .........................................................................................

.....................................................    .........................................................................................

.....................................................    .........................................................................................

.....................................................    .........................................................................................

.....................................................    .........................................................................................

.....................................................    .........................................................................................

.....................................................    .........................................................................................

.....................................................    .........................................................................................

.....................................................    .........................................................................................

## Notes

.........................................................................................

.........................................................................................

Recipe: ....................................................................................

Source: ....................................................................................

Serves: ............ Prep Time: ............... Cook Time: .................

## Ingredients

....................................................

....................................................

....................................................

....................................................

....................................................

....................................................

....................................................

....................................................

....................................................

....................................................

....................................................

....................................................

....................................................

....................................................

....................................................

....................................................

## Instructions

....................................................................................

....................................................................................

....................................................................................

....................................................................................

....................................................................................

....................................................................................

....................................................................................

....................................................................................

....................................................................................

....................................................................................

....................................................................................

....................................................................................

....................................................................................

....................................................................................

....................................................................................

....................................................................................

## Notes

....................................................................................

....................................................................................

Recipe: ..........................................................................................

Source: ..........................................................................................

Serves: ............ Prep Time: ................ Cook Time: .................

## Ingredients

## Instructions

..............................................  ..............................................................

..............................................  ..............................................................

..............................................  ..............................................................

..............................................  ..............................................................

..............................................  ..............................................................

..............................................  ..............................................................

..............................................  ..............................................................

..............................................  ..............................................................

..............................................  ..............................................................

..............................................  ..............................................................

..............................................  ..............................................................

..............................................  ..............................................................

..............................................  ..............................................................

..............................................  ..............................................................

..............................................  ..............................................................

## Notes

..........................................................................................................

..........................................................................................................

Recipe: ..................................................................................

Source: ..................................................................................

Serves: ............ Prep Time: ................ Cook Time: ..................

## Ingredients

## Instructions

........................................ ....................................................................................

........................................ ....................................................................................

........................................ ....................................................................................

........................................ ....................................................................................

........................................ ....................................................................................

........................................ ....................................................................................

........................................ ....................................................................................

........................................ ....................................................................................

........................................ ....................................................................................

........................................ ....................................................................................

........................................ ....................................................................................

........................................ ....................................................................................

........................................ ....................................................................................

........................................ ....................................................................................

........................................ ....................................................................................

## Notes

....................................................................................................................

....................................................................................................................

Recipe: ..................................................................................................

Source: ..................................................................................................

Serves: ............ Prep Time: ................ Cook Time: .................

## Ingredients

..............................................

..............................................

..............................................

..............................................

..............................................

..............................................

..............................................

..............................................

..............................................

..............................................

..............................................

..............................................

..............................................

..............................................

..............................................

..............................................

## Instructions

..................................................................................................

..................................................................................................

..................................................................................................

..................................................................................................

..................................................................................................

..................................................................................................

..................................................................................................

..................................................................................................

..................................................................................................

..................................................................................................

..................................................................................................

..................................................................................................

..................................................................................................

..................................................................................................

..................................................................................................

..................................................................................................

## Notes

..................................................................................................

..................................................................................................

Recipe: ...............................................................................

Source: ...............................................................................

Serves: ............  Prep Time: ................ Cook Time: ................

## Ingredients

.............................................

.............................................

.............................................

.............................................

.............................................

.............................................

.............................................

.............................................

.............................................

.............................................

.............................................

.............................................

.............................................

.............................................

.............................................

## Instructions

.............................................................................

.............................................................................

.............................................................................

.............................................................................

.............................................................................

.............................................................................

.............................................................................

.............................................................................

.............................................................................

.............................................................................

.............................................................................

.............................................................................

.............................................................................

.............................................................................

.............................................................................

## Notes

.............................................................................

.............................................................................

Recipe: ...........................................................................

Source: ...........................................................................

Serves: ............ Prep Time: ............... Cook Time: .................

## Ingredients

..............................................

..............................................

..............................................

..............................................

..............................................

..............................................

..............................................

..............................................

..............................................

..............................................

..............................................

..............................................

..............................................

..............................................

..............................................

## Instructions

..................................................................................

..................................................................................

..................................................................................

..................................................................................

..................................................................................

..................................................................................

..................................................................................

..................................................................................

..................................................................................

..................................................................................

..................................................................................

..................................................................................

..................................................................................

..................................................................................

..................................................................................

## Notes

..................................................................................

..................................................................................

Recipe: ..........................................................................................

Source: ..........................................................................................

Serves: ............ Prep Time: ................ Cook Time: ..................

## Ingredients

## Instructions

.....................................................    ...........................................................................................

.....................................................    ...........................................................................................

.....................................................    ...........................................................................................

.....................................................    ...........................................................................................

.....................................................    ...........................................................................................

.....................................................    ...........................................................................................

.....................................................    ...........................................................................................

.....................................................    ...........................................................................................

.....................................................    ...........................................................................................

.....................................................    ...........................................................................................

.....................................................    ...........................................................................................

.....................................................    ...........................................................................................

.....................................................    ...........................................................................................

.....................................................    ...........................................................................................

.....................................................    ...........................................................................................

## Notes

...........................................................................................

...........................................................................................

Recipe: ...................................................................................................

Source: ...................................................................................................

Serves: ............ Prep Time: ............... Cook Time: ..................

## Ingredients

........................................................
........................................................
........................................................
........................................................
........................................................
........................................................
........................................................
........................................................
........................................................
........................................................
........................................................
........................................................
........................................................
........................................................
........................................................

## Instructions

........................................................................................................
........................................................................................................
........................................................................................................
........................................................................................................
........................................................................................................
........................................................................................................
........................................................................................................
........................................................................................................
........................................................................................................
........................................................................................................
........................................................................................................
........................................................................................................
........................................................................................................
........................................................................................................
........................................................................................................

## Notes

........................................................................................................
........................................................................................................

Recipe: ............................................................................

Source: ............................................................................

Serves: ............ Prep Time: ................ Cook Time: ..................

## Ingredients

.................................................

.................................................

.................................................

.................................................

.................................................

.................................................

.................................................

.................................................

.................................................

.................................................

.................................................

.................................................

.................................................

.................................................

## Instructions

.................................................................................

.................................................................................

.................................................................................

.................................................................................

.................................................................................

.................................................................................

.................................................................................

.................................................................................

.................................................................................

.................................................................................

.................................................................................

.................................................................................

.................................................................................

.................................................................................

## Notes

.................................................................................

.................................................................................

Recipe: ....................................................................................................

Source: ....................................................................................................

Serves: ............ Prep Time: ................ Cook Time: ..................

## Ingredients

## Instructions

........................................................  ....................................................................................................

........................................................  ....................................................................................................

........................................................  ....................................................................................................

........................................................  ....................................................................................................

........................................................  ....................................................................................................

........................................................  ....................................................................................................

........................................................  ....................................................................................................

........................................................  ....................................................................................................

........................................................  ....................................................................................................

........................................................  ....................................................................................................

........................................................  ....................................................................................................

........................................................  ....................................................................................................

........................................................  ....................................................................................................

........................................................  ....................................................................................................

........................................................  ....................................................................................................

## Notes

....................................................................................................

....................................................................................................

Recipe: .................................................................................

Source: .................................................................................

Serves: ............ Prep Time: ................ Cook Time: .................

## Ingredients

.................................................

.................................................

.................................................

.................................................

.................................................

.................................................

.................................................

.................................................

.................................................

.................................................

.................................................

.................................................

.................................................

.................................................

.................................................

.................................................

## Instructions

.................................................................................

.................................................................................

.................................................................................

.................................................................................

.................................................................................

.................................................................................

.................................................................................

.................................................................................

.................................................................................

.................................................................................

.................................................................................

.................................................................................

.................................................................................

.................................................................................

.................................................................................

.................................................................................

## Notes

.................................................................................

.................................................................................

Recipe: .............................................................................................

Source: .............................................................................................

Serves: ............ Prep Time: ............... Cook Time: ...................

## Ingredients

........................................................

........................................................

........................................................

........................................................

........................................................

........................................................

........................................................

........................................................

........................................................

........................................................

........................................................

........................................................

........................................................

........................................................

........................................................

## Instructions

...............................................................................................

...............................................................................................

...............................................................................................

...............................................................................................

...............................................................................................

...............................................................................................

...............................................................................................

...............................................................................................

...............................................................................................

...............................................................................................

...............................................................................................

...............................................................................................

...............................................................................................

...............................................................................................

...............................................................................................

## Notes

.......................................................................................................................................................................

.......................................................................................................................................................................

Recipe: ..............................................................................

Source: ..............................................................................

Serves: ............ Prep Time: ................ Cook Time: .................

## Ingredients

.............................................................

.............................................................

.............................................................

.............................................................

.............................................................

.............................................................

.............................................................

.............................................................

.............................................................

.............................................................

.............................................................

.............................................................

.............................................................

.............................................................

.............................................................

## Instructions

.......................................................................................

.......................................................................................

.......................................................................................

.......................................................................................

.......................................................................................

.......................................................................................

.......................................................................................

.......................................................................................

.......................................................................................

.......................................................................................

.......................................................................................

.......................................................................................

.......................................................................................

.......................................................................................

## Notes

.......................................................................................

.......................................................................................

Recipe: .......................................................................................

Source: .......................................................................................

Serves: ............. Prep Time: ................. Cook Time: ..................

## Ingredients

## Instructions

...........................................    .........................................................

...........................................    .........................................................

...........................................    .........................................................

...........................................    .........................................................

...........................................    .........................................................

...........................................    .........................................................

...........................................    .........................................................

...........................................    .........................................................

...........................................    .........................................................

...........................................    .........................................................

...........................................    .........................................................

...........................................    .........................................................

...........................................    .........................................................

...........................................    .........................................................

...........................................    .........................................................

## Notes

...............................................................................................

...............................................................................................

Recipe: ..........................................................................................

Source: ..........................................................................................

Serves: ............. Prep Time: ................. Cook Time: ..................

## Ingredients

........................................

........................................

........................................

........................................

........................................

........................................

........................................

........................................

........................................

........................................

........................................

........................................

........................................

........................................

........................................

## Instructions

..........................................................................................

..........................................................................................

..........................................................................................

..........................................................................................

..........................................................................................

..........................................................................................

..........................................................................................

..........................................................................................

..........................................................................................

..........................................................................................

..........................................................................................

..........................................................................................

..........................................................................................

..........................................................................................

..........................................................................................

## Notes

..........................................................................................

..........................................................................................

Recipe: ........................................................................................

Source: ........................................................................................

Serves: ............ Prep Time: ................ Cook Time: .................

## Ingredients

..................................................

..................................................

..................................................

..................................................

..................................................

..................................................

..................................................

..................................................

..................................................

..................................................

..................................................

..................................................

..................................................

..................................................

## Instructions

........................................................................................

........................................................................................

........................................................................................

........................................................................................

........................................................................................

........................................................................................

........................................................................................

........................................................................................

........................................................................................

........................................................................................

........................................................................................

........................................................................................

........................................................................................

........................................................................................

## Notes

........................................................................................

........................................................................................

Recipe: ...............................................................................

Source: ...............................................................................

Serves: ............ Prep Time: ................ Cook Time: .................

## Ingredients

.................................................

.................................................

.................................................

.................................................

.................................................

.................................................

.................................................

.................................................

.................................................

.................................................

.................................................

.................................................

.................................................

.................................................

.................................................

## Instructions

.................................................................................

.................................................................................

.................................................................................

.................................................................................

.................................................................................

.................................................................................

.................................................................................

.................................................................................

.................................................................................

.................................................................................

.................................................................................

.................................................................................

.................................................................................

.................................................................................

.................................................................................

## Notes

.................................................................................

.................................................................................

Recipe: ....................................................................................

Source: ....................................................................................

Serves: ............ Prep Time: ................ Cook Time: .................

## Ingredients

## Instructions

........................................................

........................................................

........................................................

........................................................

........................................................

........................................................

........................................................

........................................................

........................................................

........................................................

........................................................

........................................................

........................................................

........................................................

........................................................

## Notes

................................................................................................

................................................................................................

Recipe: ..............................................................

Source: ..............................................................

Serves: ........... Prep Time: ............... Cook Time: ..................

## Ingredients

........................................

........................................

........................................

........................................

........................................

........................................

........................................

........................................

........................................

........................................

........................................

........................................

........................................

........................................

........................................

........................................

## Instructions

................................................................................

................................................................................

................................................................................

................................................................................

................................................................................

................................................................................

................................................................................

................................................................................

................................................................................

................................................................................

................................................................................

................................................................................

................................................................................

................................................................................

................................................................................

................................................................................

## Notes

................................................................................

................................................................................

Recipe: ...........................................................................................

Source: ...........................................................................................

Serves: ............ Prep Time: ................ Cook Time: ..................

## Ingredients

...............................................

...............................................

...............................................

...............................................

...............................................

...............................................

...............................................

...............................................

...............................................

...............................................

...............................................

...............................................

...............................................

...............................................

...............................................

## Instructions

...............................................................................

...............................................................................

...............................................................................

...............................................................................

...............................................................................

...............................................................................

...............................................................................

...............................................................................

...............................................................................

...............................................................................

...............................................................................

...............................................................................

...............................................................................

...............................................................................

...............................................................................

## Notes

...............................................................................

...............................................................................

Recipe: ..............................................................................

Source: ..............................................................................

Serves: ............ Prep Time: ................ Cook Time: .................

## Ingredients

..............................................................

..............................................................

..............................................................

..............................................................

..............................................................

..............................................................

..............................................................

..............................................................

..............................................................

..............................................................

..............................................................

..............................................................

..............................................................

..............................................................

..............................................................

..............................................................

## Instructions

..............................................................................................

..............................................................................................

..............................................................................................

..............................................................................................

..............................................................................................

..............................................................................................

..............................................................................................

..............................................................................................

..............................................................................................

..............................................................................................

..............................................................................................

..............................................................................................

..............................................................................................

..............................................................................................

..............................................................................................

..............................................................................................

## Notes

....................................................................................................................................................

....................................................................................................................................................

Recipe: ................................................................

Source: ................................................................

Serves: ............ Prep Time: ............... Cook Time: ..................

## Ingredients

## Instructions

## Notes

Recipe: ..................................................................................

Source: ..................................................................................

Serves: ............. Prep Time: ................ Cook Time: ..................

## Ingredients

.................................................

.................................................

.................................................

.................................................

.................................................

.................................................

.................................................

.................................................

.................................................

.................................................

.................................................

.................................................

.................................................

.................................................

.................................................

## Instructions

.................................................................................

.................................................................................

.................................................................................

.................................................................................

.................................................................................

.................................................................................

.................................................................................

.................................................................................

.................................................................................

.................................................................................

.................................................................................

.................................................................................

.................................................................................

.................................................................................

.................................................................................

## Notes

...................................................................................................................

...................................................................................................................

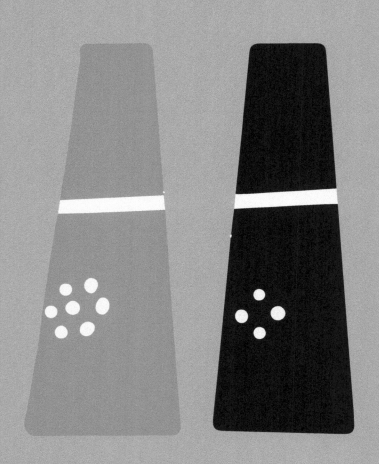

SECTION

| RECIPE | PAGE | RECIPE | PAGE |
|--------|------|--------|------|
| | | | |
| | | | |
| | | | |
| | | | |
| | | | |
| | | | |
| | | | |
| | | | |
| | | | |
| | | | |
| | | | |
| | | | |
| | | | |

Recipe: ..............................................................................................

Source: ..............................................................................................

Serves: ............ Prep Time: ................ Cook Time: ..................

## Ingredients

.................................................

.................................................

.................................................

.................................................

.................................................

.................................................

.................................................

.................................................

.................................................

.................................................

.................................................

.................................................

.................................................

.................................................

## Instructions

.................................................................................

.................................................................................

.................................................................................

.................................................................................

.................................................................................

.................................................................................

.................................................................................

.................................................................................

.................................................................................

.................................................................................

.................................................................................

.................................................................................

.................................................................................

.................................................................................

## Notes

.................................................................................................................

.................................................................................................................

Recipe: ....................................................................................

Source: ....................................................................................

Serves: ............ Prep Time: ............... Cook Time: ...............

## Ingredients

..........................................

..........................................

..........................................

..........................................

..........................................

..........................................

..........................................

..........................................

..........................................

..........................................

..........................................

..........................................

..........................................

..........................................

..........................................

## Instructions

..............................................................................................

..............................................................................................

..............................................................................................

..............................................................................................

..............................................................................................

..............................................................................................

..............................................................................................

..............................................................................................

..............................................................................................

..............................................................................................

..............................................................................................

..............................................................................................

..............................................................................................

..............................................................................................

..............................................................................................

## Notes

..............................................................................................

..............................................................................................

Recipe: ....................................................................................

Source: ....................................................................................

Serves: ............ Prep Time: ............... Cook Time: ..................

## Ingredients

## Instructions

.................................................. ..........................................................................

.................................................. ..........................................................................

.................................................. ..........................................................................

.................................................. ..........................................................................

.................................................. ..........................................................................

.................................................. ..........................................................................

.................................................. ..........................................................................

.................................................. ..........................................................................

.................................................. ..........................................................................

.................................................. ..........................................................................

.................................................. ..........................................................................

.................................................. ..........................................................................

.................................................. ..........................................................................

.................................................. ..........................................................................

.................................................. ..........................................................................

## Notes

......................................................................................................................

......................................................................................................................

Recipe: ..................................................................................

Source: ..................................................................................

Serves: ............. Prep Time: ................ Cook Time: ................

## Ingredients

..............................................

..............................................

..............................................

..............................................

..............................................

..............................................

..............................................

..............................................

..............................................

..............................................

..............................................

..............................................

..............................................

..............................................

..............................................

## Instructions

..................................................................................

..................................................................................

..................................................................................

..................................................................................

..................................................................................

..................................................................................

..................................................................................

..................................................................................

..................................................................................

..................................................................................

..................................................................................

..................................................................................

..................................................................................

..................................................................................

..................................................................................

## Notes

..................................................................................

..................................................................................

Recipe: .............................................................................

Source: .............................................................................

Serves: ............ Prep Time: ............... Cook Time: .................

## Ingredients

## Instructions

........................................   ..............................................................

........................................   ..............................................................

........................................   ..............................................................

........................................   ..............................................................

........................................   ..............................................................

........................................   ..............................................................

........................................   ..............................................................

........................................   ..............................................................

........................................   ..............................................................

........................................   ..............................................................

........................................   ..............................................................

........................................   ..............................................................

........................................   ..............................................................

........................................   ..............................................................

........................................   ..............................................................

## Notes

..............................................................................................................

..............................................................................................................

Recipe: ..............................................................................

Source: ..............................................................................

Serves: ............ Prep Time: ............... Cook Time: ..................

## Ingredients

..............................................

..............................................

..............................................

..............................................

..............................................

..............................................

..............................................

..............................................

..............................................

..............................................

..............................................

..............................................

..............................................

..............................................

## Instructions

..............................................................................

..............................................................................

..............................................................................

..............................................................................

..............................................................................

..............................................................................

..............................................................................

..............................................................................

..............................................................................

..............................................................................

..............................................................................

..............................................................................

..............................................................................

..............................................................................

## Notes

..............................................................................

..............................................................................

Recipe: ...........................................................................................

Source: ...........................................................................................

Serves: ............ Prep Time: ............... Cook Time: .................

## Ingredients

..............................................

..............................................

..............................................

..............................................

..............................................

..............................................

..............................................

..............................................

..............................................

..............................................

..............................................

..............................................

..............................................

..............................................

..............................................

## Instructions

...................................................................................

...................................................................................

...................................................................................

...................................................................................

...................................................................................

...................................................................................

...................................................................................

...................................................................................

...................................................................................

...................................................................................

...................................................................................

...................................................................................

...................................................................................

...................................................................................

...................................................................................

## Notes

...................................................................................

...................................................................................

Recipe: .............................................................................................

Source: .............................................................................................

Serves: ............. Prep Time: ................. Cook Time: .................

## Ingredients

.........................................

.........................................

.........................................

.........................................

.........................................

.........................................

.........................................

.........................................

.........................................

.........................................

.........................................

.........................................

.........................................

.........................................

.........................................

## Instructions

.........................................................................................

.........................................................................................

.........................................................................................

.........................................................................................

.........................................................................................

.........................................................................................

.........................................................................................

.........................................................................................

.........................................................................................

.........................................................................................

.........................................................................................

.........................................................................................

.........................................................................................

.........................................................................................

.........................................................................................

## Notes

.........................................................................................

.........................................................................................

Recipe: ...............................................................................

Source: ...............................................................................

Serves: ........... Prep Time: ............... Cook Time: ..................

## Ingredients

........................................................

........................................................

........................................................

........................................................

........................................................

........................................................

........................................................

........................................................

........................................................

........................................................

........................................................

........................................................

........................................................

........................................................

........................................................

## Instructions

........................................................................................

........................................................................................

........................................................................................

........................................................................................

........................................................................................

........................................................................................

........................................................................................

........................................................................................

........................................................................................

........................................................................................

........................................................................................

........................................................................................

........................................................................................

........................................................................................

........................................................................................

## Notes

........................................................................................

........................................................................................

Recipe: ..............................................................................

Source: ..............................................................................

Serves: ............ Prep Time: ............... Cook Time: .................

## Ingredients

## Instructions

..............................................  ..................................................................................

..............................................  ..................................................................................

..............................................  ..................................................................................

..............................................  ..................................................................................

..............................................  ..................................................................................

..............................................  ..................................................................................

..............................................  ..................................................................................

..............................................  ..................................................................................

..............................................  ..................................................................................

..............................................  ..................................................................................

..............................................  ..................................................................................

..............................................  ..................................................................................

..............................................  ..................................................................................

..............................................  ..................................................................................

## Notes

..............................................................................................................................

..............................................................................................................................

Recipe: ...........................................................................................

Source: ...........................................................................................

Serves: ............  Prep Time: ...............  Cook Time: ..................

## Ingredients

..............................................................

..............................................................

..............................................................

..............................................................

..............................................................

..............................................................

..............................................................

..............................................................

..............................................................

..............................................................

..............................................................

..............................................................

..............................................................

..............................................................

..............................................................

## Instructions

..........................................................................................................

..........................................................................................................

..........................................................................................................

..........................................................................................................

..........................................................................................................

..........................................................................................................

..........................................................................................................

..........................................................................................................

..........................................................................................................

..........................................................................................................

..........................................................................................................

..........................................................................................................

..........................................................................................................

..........................................................................................................

..........................................................................................................

## Notes

..........................................................................................................

..........................................................................................................

Recipe: ...........................................................................................

Source: ...........................................................................................

Serves: ............. Prep Time: ................ Cook Time: .................

## Ingredients

.....................................................

.....................................................

.....................................................

.....................................................

.....................................................

.....................................................

.....................................................

.....................................................

.....................................................

.....................................................

.....................................................

.....................................................

.....................................................

.....................................................

.....................................................

## Instructions

.................................................................................

.................................................................................

.................................................................................

.................................................................................

.................................................................................

.................................................................................

.................................................................................

.................................................................................

.................................................................................

.................................................................................

.................................................................................

.................................................................................

.................................................................................

.................................................................................

.................................................................................

## Notes

...........................................................................................................................

...........................................................................................................................

Recipe: ..........................................................................................

Source: ..........................................................................................

Serves: ............ Prep Time: ................ Cook Time: .................

## Ingredients

..................................................

..................................................

..................................................

..................................................

..................................................

..................................................

..................................................

..................................................

..................................................

..................................................

..................................................

..................................................

..................................................

..................................................

## Instructions

..........................................................................................

..........................................................................................

..........................................................................................

..........................................................................................

..........................................................................................

..........................................................................................

..........................................................................................

..........................................................................................

..........................................................................................

..........................................................................................

..........................................................................................

..........................................................................................

..........................................................................................

..........................................................................................

## Notes

..........................................................................................

..........................................................................................

Recipe: ...................................................................................

Source: ...................................................................................

Serves: ............ Prep Time: ................ Cook Time: .................

## Ingredients

.............................................

.............................................

.............................................

.............................................

.............................................

.............................................

.............................................

.............................................

.............................................

.............................................

.............................................

.............................................

.............................................

.............................................

## Instructions

...................................................................................

...................................................................................

...................................................................................

...................................................................................

...................................................................................

...................................................................................

...................................................................................

...................................................................................

...................................................................................

...................................................................................

...................................................................................

...................................................................................

...................................................................................

...................................................................................

## Notes

...................................................................................

...................................................................................

Recipe: ..........................................................................................

Source: ..........................................................................................

Serves: ............ Prep Time: ................ Cook Time: ..................

## Ingredients

..........................................................

..........................................................

..........................................................

..........................................................

..........................................................

..........................................................

..........................................................

..........................................................

..........................................................

..........................................................

..........................................................

..........................................................

..........................................................

..........................................................

..........................................................

..........................................................

## Instructions

..............................................................................................

..............................................................................................

..............................................................................................

..............................................................................................

..............................................................................................

..............................................................................................

..............................................................................................

..............................................................................................

..............................................................................................

..............................................................................................

..............................................................................................

..............................................................................................

..............................................................................................

..............................................................................................

..............................................................................................

..............................................................................................

## Notes

..............................................................................................

..............................................................................................

Recipe: ...........................................................................................................

Source: ...........................................................................................................

Serves: ............. Prep Time: ................ Cook Time: .................

## Ingredients

## Instructions

........................................................ ........................................................................................

........................................................ ........................................................................................

........................................................ ........................................................................................

........................................................ ........................................................................................

........................................................ ........................................................................................

........................................................ ........................................................................................

........................................................ ........................................................................................

........................................................ ........................................................................................

........................................................ ........................................................................................

........................................................ ........................................................................................

........................................................ ........................................................................................

........................................................ ........................................................................................

........................................................ ........................................................................................

........................................................ ........................................................................................

........................................................ ........................................................................................

## Notes

.......................................................................................................................

.......................................................................................................................

Recipe: .............................................................................

Source .............................................................................

Serves: ............ Prep Time: ................ Cook Time: .................

## Ingredients

.............................................................

.............................................................

.............................................................

.............................................................

.............................................................

.............................................................

.............................................................

.............................................................

.............................................................

.............................................................

.............................................................

.............................................................

.............................................................

.............................................................

.............................................................

## Instructions

.............................................................................

.............................................................................

.............................................................................

.............................................................................

.............................................................................

.............................................................................

.............................................................................

.............................................................................

.............................................................................

.............................................................................

.............................................................................

.............................................................................

.............................................................................

.............................................................................

.............................................................................

## Notes

.............................................................................

.............................................................................

Recipe: ..............................................................................................

Source: ..............................................................................................

Serves: ............ Prep Time: ................ Cook Time: ..................

## Ingredients

..........................................

..........................................

..........................................

..........................................

..........................................

..........................................

..........................................

..........................................

..........................................

..........................................

..........................................

..........................................

..........................................

..........................................

..........................................

## Instructions

..............................................................................................

..............................................................................................

..............................................................................................

..............................................................................................

..............................................................................................

..............................................................................................

..............................................................................................

..............................................................................................

..............................................................................................

..............................................................................................

..............................................................................................

..............................................................................................

..............................................................................................

..............................................................................................

..............................................................................................

## Notes

..............................................................................................

..............................................................................................

Recipe: ..............................................................................

Source: ..............................................................................

Serves: ............ Prep Time: ............... Cook Time: .................

## Ingredients

## Instructions

.....................................   .....................................................................

.....................................   .....................................................................

.....................................   .....................................................................

.....................................   .....................................................................

.....................................   .....................................................................

.....................................   .....................................................................

.....................................   .....................................................................

.....................................   .....................................................................

.....................................   .....................................................................

.....................................   .....................................................................

.....................................   .....................................................................

.....................................   .....................................................................

.....................................   .....................................................................

.....................................   .....................................................................

.....................................   .....................................................................

## Notes

..............................................................................................

..............................................................................................

Recipe: ..................................................................

Source: ..................................................................

Serves: ............ Prep Time: ................ Cook Time: ..................

## Ingredients

..........................................

..........................................

..........................................

..........................................

..........................................

..........................................

..........................................

..........................................

..........................................

..........................................

..........................................

..........................................

..........................................

..........................................

..........................................

## Instructions

..................................................................

..................................................................

..................................................................

..................................................................

..................................................................

..................................................................

..................................................................

..................................................................

..................................................................

..................................................................

..................................................................

..................................................................

..................................................................

..................................................................

..................................................................

## Notes

..................................................................

..................................................................

Recipe: ..............................................................................................

Source: ..............................................................................................

Serves: ............ Prep Time: ................ Cook Time: ..................

## Ingredients

..............................................

..............................................

..............................................

..............................................

..............................................

..............................................

..............................................

..............................................

..............................................

..............................................

..............................................

..............................................

..............................................

..............................................

..............................................

## Instructions

..................................................................................................

..................................................................................................

..................................................................................................

..................................................................................................

..................................................................................................

..................................................................................................

..................................................................................................

..................................................................................................

..................................................................................................

..................................................................................................

..................................................................................................

..................................................................................................

..................................................................................................

..................................................................................................

..................................................................................................

## Notes

..................................................................................................

..................................................................................................

Recipe: ....................................................................................

Source: ....................................................................................

Serves: ............ Prep Time: ................ Cook Time: .................

## Ingredients

Instructions

.....................................................    .................................................................................

.....................................................    .................................................................................

.....................................................    .................................................................................

.....................................................    .................................................................................

.....................................................    .................................................................................

.....................................................    .................................................................................

.....................................................    .................................................................................

.....................................................    .................................................................................

.....................................................    .................................................................................

.....................................................    .................................................................................

.....................................................    .................................................................................

.....................................................    .................................................................................

.....................................................    .................................................................................

.....................................................    .................................................................................

.....................................................    .................................................................................

## Notes

.................................................................................................................................

.................................................................................................................................

Recipe: ..............................................................................................

Source: ..............................................................................................

Serves: ............. Prep Time: ................. Cook Time: ...................

## Ingredients

..............................................

..............................................

..............................................

..............................................

..............................................

..............................................

..............................................

..............................................

..............................................

..............................................

..............................................

..............................................

..............................................

..............................................

..............................................

## Instructions

..............................................................................................

..............................................................................................

..............................................................................................

..............................................................................................

..............................................................................................

..............................................................................................

..............................................................................................

..............................................................................................

..............................................................................................

..............................................................................................

..............................................................................................

..............................................................................................

..............................................................................................

..............................................................................................

..............................................................................................

## Notes

..............................................................................................

..............................................................................................

Recipe: ....................................................................................................

Source: ....................................................................................................

Serves: ............ Prep Time: ............... Cook Time: ................

## Ingredients

....................................................

....................................................

....................................................

....................................................

....................................................

....................................................

....................................................

....................................................

....................................................

....................................................

....................................................

....................................................

....................................................

....................................................

....................................................

## Instructions

................................................................................

................................................................................

................................................................................

................................................................................

................................................................................

................................................................................

................................................................................

................................................................................

................................................................................

................................................................................

................................................................................

................................................................................

................................................................................

................................................................................

## Notes

................................................................................

................................................................................

Recipe: .......................................................................................................

Source: .......................................................................................................

Serves: ............ Prep Time: ................ Cook Time: ..................

## Ingredients

...................................................

...................................................

...................................................

...................................................

...................................................

...................................................

...................................................

...................................................

...................................................

...................................................

...................................................

...................................................

...................................................

...................................................

...................................................

## Instructions

.............................................................................................

.............................................................................................

.............................................................................................

.............................................................................................

.............................................................................................

.............................................................................................

.............................................................................................

.............................................................................................

.............................................................................................

.............................................................................................

.............................................................................................

.............................................................................................

.............................................................................................

.............................................................................................

.............................................................................................

## Notes

.............................................................................................

.............................................................................................

Recipe: ...........................................................................

Source: ...........................................................................

Serves: ............ Prep Time: ................ Cook Time: ..................

## Ingredients

...........................................

...........................................

...........................................

...........................................

...........................................

...........................................

...........................................

...........................................

...........................................

...........................................

...........................................

...........................................

...........................................

...........................................

...........................................

## Instructions

...............................................................................

...............................................................................

...............................................................................

...............................................................................

...............................................................................

...............................................................................

...............................................................................

...............................................................................

...............................................................................

...............................................................................

...............................................................................

...............................................................................

...............................................................................

...............................................................................

...............................................................................

## Notes

...............................................................................

...............................................................................

Recipe: ..................................................................................

Source: ..................................................................................

Serves: .............. Prep Time: ................. Cook Time: ...................

## Ingredients

## Instructions

..........................................  ...................................................................................

..........................................  ...................................................................................

..........................................  ...................................................................................

..........................................  ...................................................................................

..........................................  ...................................................................................

..........................................  ...................................................................................

..........................................  ...................................................................................

..........................................  ...................................................................................

..........................................  ...................................................................................

..........................................  ...................................................................................

..........................................  ...................................................................................

..........................................  ...................................................................................

..........................................  ...................................................................................

..........................................  ...................................................................................

..........................................  ...................................................................................

..........................................  ...................................................................................

## Notes

...................................................................................................................................

...................................................................................................................................

Recipe: .............................................................................................

Source: .............................................................................................

Serves: ............. Prep Time: ................ Cook Time: .................

## Ingredients

..............................................

..............................................

..............................................

..............................................

..............................................

..............................................

..............................................

..............................................

..............................................

..............................................

..............................................

..............................................

..............................................

..............................................

..............................................

## Instructions

.............................................................................

.............................................................................

.............................................................................

.............................................................................

.............................................................................

.............................................................................

.............................................................................

.............................................................................

.............................................................................

.............................................................................

.............................................................................

.............................................................................

.............................................................................

.............................................................................

.............................................................................

## Notes

.............................................................................................................................

.............................................................................................................................

SECTION

| RECIPE | PAGE | RECIPE | PAGE |
|--------|------|--------|------|
| | | | |
| | | | |
| | | | |
| | | | |
| | | | |
| | | | |
| | | | |
| | | | |
| | | | |
| | | | |
| | | | |
| | | | |
| | | | |

Recipe: ..............................................................................

Source: ..............................................................................

Serves: ............ Prep Time: ............... Cook Time: .................

## Ingredients

.........................................................

.........................................................

.........................................................

.........................................................

.........................................................

.........................................................

.........................................................

.........................................................

.........................................................

.........................................................

.........................................................

.........................................................

.........................................................

.........................................................

.........................................................

## Instructions

..............................................................................................

..............................................................................................

..............................................................................................

..............................................................................................

..............................................................................................

..............................................................................................

..............................................................................................

..............................................................................................

..............................................................................................

..............................................................................................

..............................................................................................

..............................................................................................

..............................................................................................

..............................................................................................

..............................................................................................

## Notes

..............................................................................................

..............................................................................................

Recipe: ..............................................................................................

Source: ..............................................................................................

Serves: ............ Prep Time: ................ Cook Time: ................

## Ingredients

..................................................

..................................................

..................................................

..................................................

..................................................

..................................................

..................................................

..................................................

..................................................

..................................................

..................................................

..................................................

..................................................

..................................................

## Instructions

..............................................................................................

..............................................................................................

..............................................................................................

..............................................................................................

..............................................................................................

..............................................................................................

..............................................................................................

..............................................................................................

..............................................................................................

..............................................................................................

..............................................................................................

..............................................................................................

..............................................................................................

..............................................................................................

## Notes

..............................................................................................

..............................................................................................

Recipe: ..........................................................................

Source: ..........................................................................

Serves: ............. Prep Time: ................. Cook Time: ..................

## Ingredients

## Instructions

..........................................................  ................................................................................................

..........................................................  ................................................................................................

..........................................................  ................................................................................................

..........................................................  ................................................................................................

..........................................................  ................................................................................................

..........................................................  ................................................................................................

..........................................................  ................................................................................................

..........................................................  ................................................................................................

..........................................................  ................................................................................................

..........................................................  ................................................................................................

..........................................................  ................................................................................................

..........................................................  ................................................................................................

..........................................................  ................................................................................................

..........................................................  ................................................................................................

..........................................................  ................................................................................................

## Notes

.......................................................................................................................................

.......................................................................................................................................

Recipe: ..................................................................................

Source: ..................................................................................

Serves: ............ Prep Time: ................ Cook Time: ..................

## Ingredients

## Instructions

..........................................  ..................................................................................

..........................................  ..................................................................................

..........................................  ..................................................................................

..........................................  ..................................................................................

..........................................  ..................................................................................

..........................................  ..................................................................................

..........................................  ..................................................................................

..........................................  ..................................................................................

..........................................  ..................................................................................

..........................................  ..................................................................................

..........................................  ..................................................................................

..........................................  ..................................................................................

..........................................  ..................................................................................

..........................................  ..................................................................................

## Notes

..................................................................................

..................................................................................

Recipe: ..................................................................................

Source: ..................................................................................

Serves: ............ Prep Time: ................ Cook Time: .................

## Ingredients

..............................................

..............................................

..............................................

..............................................

..............................................

..............................................

..............................................

..............................................

..............................................

..............................................

..............................................

..............................................

..............................................

..............................................

## Instructions

...............................................................................

...............................................................................

...............................................................................

...............................................................................

...............................................................................

...............................................................................

...............................................................................

...............................................................................

...............................................................................

...............................................................................

...............................................................................

...............................................................................

...............................................................................

...............................................................................

## Notes

...............................................................................

...............................................................................

Recipe: ............................................................

Source: ............................................................

Serves: ............ Prep Time: ................ Cook Time: ...................

## Ingredients

..........................................

..........................................

..........................................

..........................................

..........................................

..........................................

..........................................

..........................................

..........................................

..........................................

..........................................

..........................................

..........................................

..........................................

..........................................

## Instructions

..................................................................................

..................................................................................

..................................................................................

..................................................................................

..................................................................................

..................................................................................

..................................................................................

..................................................................................

..................................................................................

..................................................................................

..................................................................................

..................................................................................

..................................................................................

..................................................................................

..................................................................................

## Notes

..................................................................................

..................................................................................

Recipe: ....................................................................................................

Source: ....................................................................................................

Serves: ............ Prep Time: ............... Cook Time: .................

## Ingredients

............................................

............................................

............................................

............................................

............................................

............................................

............................................

............................................

............................................

............................................

............................................

............................................

............................................

............................................

............................................

## Instructions

....................................................................................

....................................................................................

....................................................................................

....................................................................................

....................................................................................

....................................................................................

....................................................................................

....................................................................................

....................................................................................

....................................................................................

....................................................................................

....................................................................................

....................................................................................

....................................................................................

....................................................................................

## Notes

....................................................................................

....................................................................................

Recipe: ......................................................................................

Source: ......................................................................................

Serves: ............ Prep Time: ................ Cook Time: ..................

## Ingredients

..............................................

..............................................

..............................................

..............................................

..............................................

..............................................

..............................................

..............................................

..............................................

..............................................

..............................................

..............................................

..............................................

..............................................

## Instructions

..................................................................................

..................................................................................

..................................................................................

..................................................................................

..................................................................................

..................................................................................

..................................................................................

..................................................................................

..................................................................................

..................................................................................

..................................................................................

..................................................................................

..................................................................................

..................................................................................

## Notes

..................................................................................

..................................................................................

Recipe: .......................................................................................

Source: .......................................................................................

Serves: .............. Prep Time: ................. Cook Time: ...................

## Ingredients

............................................................

............................................................

............................................................

............................................................

............................................................

............................................................

............................................................

............................................................

............................................................

............................................................

............................................................

............................................................

............................................................

............................................................

............................................................

## Instructions

.......................................................................................

.......................................................................................

.......................................................................................

.......................................................................................

.......................................................................................

.......................................................................................

.......................................................................................

.......................................................................................

.......................................................................................

.......................................................................................

.......................................................................................

.......................................................................................

.......................................................................................

.......................................................................................

.......................................................................................

## Notes

.......................................................................................

.......................................................................................

Recipe: ................................................................................................

Source: ................................................................................................

Serves: ............ Prep Time: ................ Cook Time: ................

## Ingredients

................................................

................................................

................................................

................................................

................................................

................................................

................................................

................................................

................................................

................................................

................................................

................................................

................................................

................................................

## Instructions

................................................................................

................................................................................

................................................................................

................................................................................

................................................................................

................................................................................

................................................................................

................................................................................

................................................................................

................................................................................

................................................................................

................................................................................

................................................................................

................................................................................

................................................................................

## Notes

................................................................................................

................................................................................................

Recipe: .......................................................................

Source: .......................................................................

Serves: ............ Prep Time: ................ Cook Time: ..................

## Ingredients

.................................................

.................................................

.................................................

.................................................

.................................................

.................................................

.................................................

.................................................

.................................................

.................................................

.................................................

.................................................

.................................................

.................................................

.................................................

## Instructions

..........................................................................................

..........................................................................................

..........................................................................................

..........................................................................................

..........................................................................................

..........................................................................................

..........................................................................................

..........................................................................................

..........................................................................................

..........................................................................................

..........................................................................................

..........................................................................................

..........................................................................................

..........................................................................................

..........................................................................................

## Notes

..........................................................................................

..........................................................................................

Recipe: ..............................................................................

Source: ..............................................................................

Serves: ............ Prep Time: ................ Cook Time: .................

## Ingredients

........................................

........................................

........................................

........................................

........................................

........................................

........................................

........................................

........................................

........................................

........................................

........................................

........................................

........................................

........................................

## Instructions

...................................................................................................

...................................................................................................

...................................................................................................

...................................................................................................

...................................................................................................

...................................................................................................

...................................................................................................

...................................................................................................

...................................................................................................

...................................................................................................

...................................................................................................

...................................................................................................

...................................................................................................

...................................................................................................

...................................................................................................

## Notes

...................................................................................................

...................................................................................................

Recipe: ......................................................................................

Source: ......................................................................................

Serves: ............ Prep Time: ................ Cook Time: ..................

## Ingredients

## Instructions

........................................................

........................................................

........................................................

........................................................

........................................................

........................................................

........................................................

........................................................

........................................................

........................................................

........................................................

........................................................

........................................................

........................................................

........................................................

## Notes

...........................................................................................................................

...........................................................................................................................

Recipe: ...........................................................................................

Source: ...........................................................................................

Serves: ............. Prep Time: ............... Cook Time: ................

## Ingredients

..............................................................

..............................................................

..............................................................

..............................................................

..............................................................

..............................................................

..............................................................

..............................................................

..............................................................

..............................................................

..............................................................

..............................................................

..............................................................

..............................................................

## Instructions

..............................................................................................

..............................................................................................

..............................................................................................

..............................................................................................

..............................................................................................

..............................................................................................

..............................................................................................

..............................................................................................

..............................................................................................

..............................................................................................

..............................................................................................

..............................................................................................

..............................................................................................

..............................................................................................

## Notes

..............................................................................................

..............................................................................................

Recipe: ..............................................................................

Source: ..............................................................................

Serves: ............ Prep Time: ............... Cook Time: .................

## Ingredients

......................................................

......................................................

......................................................

......................................................

......................................................

......................................................

......................................................

......................................................

......................................................

......................................................

......................................................

......................................................

......................................................

......................................................

## Instructions

......................................................................................................

......................................................................................................

......................................................................................................

......................................................................................................

......................................................................................................

......................................................................................................

......................................................................................................

......................................................................................................

......................................................................................................

......................................................................................................

......................................................................................................

......................................................................................................

......................................................................................................

......................................................................................................

## Notes

......................................................................................................

......................................................................................................

Recipe: ..................................................................................

Source: ..................................................................................

Serves: ............ Prep Time: ............... Cook Time: .................

## Ingredients

..............................................

..............................................

..............................................

..............................................

..............................................

..............................................

..............................................

..............................................

..............................................

..............................................

..............................................

..............................................

..............................................

..............................................

## Instructions

..................................................................................

..................................................................................

..................................................................................

..................................................................................

..................................................................................

..................................................................................

..................................................................................

..................................................................................

..................................................................................

..................................................................................

..................................................................................

..................................................................................

..................................................................................

..................................................................................

## Notes

..................................................................................

..................................................................................

Recipe: .........................................................................................

Source: .........................................................................................

Serves: ............ Prep Time: ............... Cook Time: ..................

## Ingredients

## Instructions

...................................................... ....................................................................................

...................................................... ....................................................................................

...................................................... ....................................................................................

...................................................... ....................................................................................

...................................................... ....................................................................................

...................................................... ....................................................................................

...................................................... ....................................................................................

...................................................... ....................................................................................

...................................................... ....................................................................................

...................................................... ....................................................................................

...................................................... ....................................................................................

...................................................... ....................................................................................

...................................................... ....................................................................................

...................................................... ....................................................................................

...................................................... ....................................................................................

## Notes

....................................................................................................................

....................................................................................................................

Recipe: ...............................................................................................

Source: ...............................................................................................

Serves: ............ Prep Time: ............... Cook Time: .................

## Ingredients

..............................................................

..............................................................

..............................................................

..............................................................

..............................................................

..............................................................

..............................................................

..............................................................

..............................................................

..............................................................

..............................................................

..............................................................

..............................................................

..............................................................

..............................................................

## Instructions

....................................................................................................

....................................................................................................

....................................................................................................

....................................................................................................

....................................................................................................

....................................................................................................

....................................................................................................

....................................................................................................

....................................................................................................

....................................................................................................

....................................................................................................

....................................................................................................

....................................................................................................

....................................................................................................

....................................................................................................

## Notes

....................................................................................................

....................................................................................................

Recipe: .......................................................................................

Source: .......................................................................................

Serves: ............ Prep Time: ................ Cook Time: ..................

## Ingredients

## Instructions

...........................................    .................................................................................

...........................................    .................................................................................

...........................................    .................................................................................

...........................................    .................................................................................

...........................................    .................................................................................

...........................................    .................................................................................

...........................................    .................................................................................

...........................................    .................................................................................

...........................................    .................................................................................

...........................................    .................................................................................

...........................................    .................................................................................

...........................................    .................................................................................

...........................................    .................................................................................

...........................................    .................................................................................

...........................................    .................................................................................

## Notes

.....................................................................................................................................

.....................................................................................................................................

Recipe: .....................................................................................................

Source: .....................................................................................................

Serves: ............. Prep Time: ................. Cook Time: ..................

## Ingredients

..............................................

..............................................

..............................................

..............................................

..............................................

..............................................

..............................................

..............................................

..............................................

..............................................

..............................................

..............................................

..............................................

..............................................

## Instructions

.....................................................................................

.....................................................................................

.....................................................................................

.....................................................................................

.....................................................................................

.....................................................................................

.....................................................................................

.....................................................................................

.....................................................................................

.....................................................................................

.....................................................................................

.....................................................................................

.....................................................................................

.....................................................................................

## Notes

..............................................................................................................................

..............................................................................................................................

Recipe: ................................................................

Source: ................................................................

Serves: ............ Prep Time: ................ Cook Time: ..................

## Ingredients

.......................................

.......................................

.......................................

.......................................

.......................................

.......................................

.......................................

.......................................

.......................................

.......................................

.......................................

.......................................

.......................................

.......................................

.......................................

## Instructions

................................................................

................................................................

................................................................

................................................................

................................................................

................................................................

................................................................

................................................................

................................................................

................................................................

................................................................

................................................................

................................................................

................................................................

................................................................

## Notes

................................................................

................................................................

Recipe: .............................................................................................

Source: .............................................................................................

Serves: ............ Prep Time: ............... Cook Time: ..................

## Ingredients

## Instructions

........................................

........................................

........................................

........................................

........................................

........................................

........................................

........................................

........................................

........................................

........................................

........................................

........................................

........................................

........................................

## Notes

..............................................................................................................

..............................................................................................................

Recipe: ......................................................................

Source: ......................................................................

Serves: ............ Prep Time: ............... Cook Time: ..................

## Ingredients

.............................................

.............................................

.............................................

.............................................

.............................................

.............................................

.............................................

.............................................

.............................................

.............................................

.............................................

.............................................

.............................................

.............................................

## Instructions

.....................................................................................

.....................................................................................

.....................................................................................

.....................................................................................

.....................................................................................

.....................................................................................

.....................................................................................

.....................................................................................

.....................................................................................

.....................................................................................

.....................................................................................

.....................................................................................

.....................................................................................

.....................................................................................

.....................................................................................

## Notes

.....................................................................................

.....................................................................................

Recipe: ................................................................................

Source: ................................................................................

Serves: ............ Prep Time: ................ Cook Time: ................

## Ingredients

## Instructions

................................................  ................................................................

................................................  ................................................................

................................................  ................................................................

................................................  ................................................................

................................................  ................................................................

................................................  ................................................................

................................................  ................................................................

................................................  ................................................................

................................................  ................................................................

................................................  ................................................................

................................................  ................................................................

................................................  ................................................................

................................................  ................................................................

................................................  ................................................................

## Notes

................................................................................................

................................................................................................

Recipe: ......................................................................................

Source: ......................................................................................

Serves: ............ Prep Time: ................ Cook Time: ..................

## Ingredients

## Instructions

....................................................................................................................

....................................................................................................................

....................................................................................................................

....................................................................................................................

....................................................................................................................

....................................................................................................................

....................................................................................................................

....................................................................................................................

....................................................................................................................

....................................................................................................................

....................................................................................................................

....................................................................................................................

....................................................................................................................

....................................................................................................................

....................................................................................................................

....................................................................................................................

## Notes

....................................................................................................................

....................................................................................................................

Recipe: ..............................................................................................

Source: ..............................................................................................

Serves: ............. Prep Time: ............... Cook Time: .................

## Ingredients

..........................................................

..........................................................

..........................................................

..........................................................

..........................................................

..........................................................

..........................................................

..........................................................

..........................................................

..........................................................

..........................................................

..........................................................

..........................................................

..........................................................

..........................................................

## Instructions

..........................................................................................

..........................................................................................

..........................................................................................

..........................................................................................

..........................................................................................

..........................................................................................

..........................................................................................

..........................................................................................

..........................................................................................

..........................................................................................

..........................................................................................

..........................................................................................

..........................................................................................

..........................................................................................

..........................................................................................

## Notes

..........................................................................................................................

..........................................................................................................................

Recipe: ......................................................................

Source: ......................................................................

Serves: ............ Prep Time: ................ Cook Time: ..................

## Ingredients

## Instructions

........................................  ....................................................................................

........................................  ....................................................................................

........................................  ....................................................................................

........................................  ....................................................................................

........................................  ....................................................................................

........................................  ....................................................................................

........................................  ....................................................................................

........................................  ....................................................................................

........................................  ....................................................................................

........................................  ....................................................................................

........................................  ....................................................................................

........................................  ....................................................................................

........................................  ....................................................................................

........................................  ....................................................................................

........................................  ....................................................................................

## Notes

.............................................................................................................................

.............................................................................................................................

Recipe: ..................................................................................

Source: ..................................................................................

Serves: ............ Prep Time: ................ Cook Time: ..................

## Ingredients

## Instructions

...........................................  ................................................................................

...........................................  ................................................................................

...........................................  ................................................................................

...........................................  ................................................................................

...........................................  ................................................................................

...........................................  ................................................................................

...........................................  ................................................................................

...........................................  ................................................................................

...........................................  ................................................................................

...........................................  ................................................................................

...........................................  ................................................................................

...........................................  ................................................................................

...........................................  ................................................................................

...........................................  ................................................................................

...........................................  ................................................................................

## Notes

................................................................................................................................

................................................................................................................................

SECTION

| RECIPE | PAGE | RECIPE | PAGE |
| --- | --- | --- | --- |
| | | | |
| | | | |
| | | | |
| | | | |
| | | | |
| | | | |
| | | | |
| | | | |
| | | | |
| | | | |
| | | | |
| | | | |
| | | | |

Recipe: ...............................................................................................

Source: ...............................................................................................

Serves: ............ Prep Time: ............... Cook Time: .................

## Ingredients

..............................................................

..............................................................

..............................................................

..............................................................

..............................................................

..............................................................

..............................................................

..............................................................

..............................................................

..............................................................

..............................................................

..............................................................

..............................................................

..............................................................

..............................................................

## Instructions

............................................................................................................

............................................................................................................

............................................................................................................

............................................................................................................

............................................................................................................

............................................................................................................

............................................................................................................

............................................................................................................

............................................................................................................

............................................................................................................

............................................................................................................

............................................................................................................

............................................................................................................

............................................................................................................

............................................................................................................

## Notes

............................................................................................................

............................................................................................................

Recipe: ......................................................................................

Source: ......................................................................................

Serves: ............ Prep Time: ............... Cook Time: ..................

## Ingredients

..................................................

..................................................

..................................................

..................................................

..................................................

..................................................

..................................................

..................................................

..................................................

..................................................

..................................................

..................................................

..................................................

..................................................

..................................................

## Instructions

.......................................................................................................

.......................................................................................................

.......................................................................................................

.......................................................................................................

.......................................................................................................

.......................................................................................................

.......................................................................................................

.......................................................................................................

.......................................................................................................

.......................................................................................................

.......................................................................................................

.......................................................................................................

.......................................................................................................

.......................................................................................................

.......................................................................................................

## Notes

.......................................................................................................

.......................................................................................................

Recipe: ..............................................................................................

Source: ..............................................................................................

Serves: ............ Prep Time: ................ Cook Time: ..................

## Ingredients

.......................................................

.......................................................

.......................................................

.......................................................

.......................................................

.......................................................

.......................................................

.......................................................

.......................................................

.......................................................

.......................................................

.......................................................

.......................................................

.......................................................

.......................................................

## Instructions

..................................................................................................

..................................................................................................

..................................................................................................

..................................................................................................

..................................................................................................

..................................................................................................

..................................................................................................

..................................................................................................

..................................................................................................

..................................................................................................

..................................................................................................

..................................................................................................

..................................................................................................

..................................................................................................

## Notes

..................................................................................................

..................................................................................................

Recipe: ......................................................................................

Source: ......................................................................................

Serves: ............ Prep Time: ................ Cook Time: ..................

## Ingredients

.....................................

.....................................

.....................................

.....................................

.....................................

.....................................

.....................................

.....................................

.....................................

.....................................

.....................................

.....................................

.....................................

.....................................

.....................................

## Instructions

.......................................................................................

.......................................................................................

.......................................................................................

.......................................................................................

.......................................................................................

.......................................................................................

.......................................................................................

.......................................................................................

.......................................................................................

.......................................................................................

.......................................................................................

.......................................................................................

.......................................................................................

.......................................................................................

.......................................................................................

## Notes

.......................................................................................

.......................................................................................

Recipe: .........................................................................................

Source: .........................................................................................

Serves: ............ Prep Time: ................ Cook Time: ..................

## Ingredients

## Instructions

........................................ ........................................................................

........................................ ........................................................................

........................................ ........................................................................

........................................ ........................................................................

........................................ ........................................................................

........................................ ........................................................................

........................................ ........................................................................

........................................ ........................................................................

........................................ ........................................................................

........................................ ........................................................................

........................................ ........................................................................

........................................ ........................................................................

........................................ ........................................................................

........................................ ........................................................................

........................................ ........................................................................

## Notes

.........................................................................................................

.........................................................................................................

Recipe: ..............................................................................

Source: ..............................................................................

Serves: ............ Prep Time: ............... Cook Time: .................

## Ingredients

.............................................................

.............................................................

.............................................................

.............................................................

.............................................................

.............................................................

.............................................................

.............................................................

.............................................................

.............................................................

.............................................................

.............................................................

.............................................................

.............................................................

.............................................................

## Instructions

.....................................................................................................

.....................................................................................................

.....................................................................................................

.....................................................................................................

.....................................................................................................

.....................................................................................................

.....................................................................................................

.....................................................................................................

.....................................................................................................

.....................................................................................................

.....................................................................................................

.....................................................................................................

.....................................................................................................

.....................................................................................................

.....................................................................................................

## Notes

.....................................................................................................................

.....................................................................................................................

Recipe: ....................................................................................

Source: ....................................................................................

Serves: ............  Prep Time: ................  Cook Time: .................

## Ingredients

## Instructions

....................................

....................................

....................................

....................................

....................................

....................................

....................................

....................................

....................................

....................................

....................................

....................................

....................................

....................................

....................................

....................................

## Notes

....................................................................................

....................................................................................

Recipe: ...................................................................................

Source: ...................................................................................

Serves: ............ Prep Time: ................ Cook Time: .................

## Ingredients

## Instructions

................................................  ..................................................................

................................................  ..................................................................

................................................  ..................................................................

................................................  ..................................................................

................................................  ..................................................................

................................................  ..................................................................

................................................  ..................................................................

................................................  ..................................................................

................................................  ..................................................................

................................................  ..................................................................

................................................  ..................................................................

................................................  ..................................................................

................................................  ..................................................................

................................................  ..................................................................

................................................  ..................................................................

## Notes

...................................................................................................................

...................................................................................................................

Recipe: .................................................................................

Source: .................................................................................

Serves: ............  Prep Time: ................ Cook Time: ..................

## Ingredients

## Instructions

....................................................  ....................................................................................................

....................................................  ....................................................................................................

....................................................  ....................................................................................................

....................................................  ....................................................................................................

....................................................  ....................................................................................................

....................................................  ....................................................................................................

....................................................  ....................................................................................................

....................................................  ....................................................................................................

....................................................  ....................................................................................................

....................................................  ....................................................................................................

....................................................  ....................................................................................................

....................................................  ....................................................................................................

....................................................  ....................................................................................................

....................................................  ....................................................................................................

....................................................  ....................................................................................................

## Notes

............................................................................................................................................................

............................................................................................................................................................

Recipe: ..............................................................................

Source: ..............................................................................

Serves: ............ Prep Time: ................ Cook Time: .................

## Ingredients

..................................................

..................................................

..................................................

..................................................

..................................................

..................................................

..................................................

..................................................

..................................................

..................................................

..................................................

..................................................

..................................................

..................................................

..................................................

..................................................

## Instructions

................................................................

................................................................

................................................................

................................................................

................................................................

................................................................

................................................................

................................................................

................................................................

................................................................

................................................................

................................................................

................................................................

................................................................

................................................................

................................................................

## Notes

..................................................................................................

..................................................................................................

Recipe: .......................................................................................

Source: .......................................................................................

Serves: ............ Prep Time: ................ Cook Time: ..................

## Ingredients

..........................................................

..........................................................

..........................................................

..........................................................

..........................................................

..........................................................

..........................................................

..........................................................

..........................................................

..........................................................

..........................................................

..........................................................

..........................................................

..........................................................

..........................................................

## Instructions

....................................................................................................

....................................................................................................

....................................................................................................

....................................................................................................

....................................................................................................

....................................................................................................

....................................................................................................

....................................................................................................

....................................................................................................

....................................................................................................

....................................................................................................

....................................................................................................

....................................................................................................

....................................................................................................

....................................................................................................

....................................................................................................

## Notes

....................................................................................................

....................................................................................................

Recipe: ...........................................................................................

Source: ...........................................................................................

Serves: ............. Prep Time: ................ Cook Time: ..................

## Ingredients

## Instructions

................................... ....................................................................

................................... ....................................................................

................................... ....................................................................

................................... ....................................................................

................................... ....................................................................

................................... ....................................................................

................................... ....................................................................

................................... ....................................................................

................................... ....................................................................

................................... ....................................................................

................................... ....................................................................

................................... ....................................................................

................................... ....................................................................

................................... ....................................................................

................................... ....................................................................

## Notes

....................................................................................................

....................................................................................................

Recipe: ..................................................................................

Source: ..................................................................................

Serves: ............ Prep Time: ............... Cook Time: ..................

## Ingredients

## Instructions

...................................... ..............................................................

...................................... ..............................................................

...................................... ..............................................................

...................................... ..............................................................

...................................... ..............................................................

...................................... ..............................................................

...................................... ..............................................................

...................................... ..............................................................

...................................... ..............................................................

...................................... ..............................................................

...................................... ..............................................................

...................................... ..............................................................

...................................... ..............................................................

...................................... ..............................................................

...................................... ..............................................................

## Notes

...................................................................................................

...................................................................................................

Recipe: ..........................................................................................................

Source: ..........................................................................................................

Serves: ............. Prep Time: ................. Cook Time: ..................

## Ingredients

## Instructions

..........................................  ..........................................................................

..........................................  ..........................................................................

..........................................  ..........................................................................

..........................................  ..........................................................................

..........................................  ..........................................................................

..........................................  ..........................................................................

..........................................  ..........................................................................

..........................................  ..........................................................................

..........................................  ..........................................................................

..........................................  ..........................................................................

..........................................  ..........................................................................

..........................................  ..........................................................................

..........................................  ..........................................................................

..........................................  ..........................................................................

..........................................  ..........................................................................

## Notes

..........................................................................................................

..........................................................................................................

Recipe: ........................................................................

Source: ........................................................................

Serves: ............  Prep Time: ................ Cook Time: ..................

## Ingredients

............................................

............................................

............................................

............................................

............................................

............................................

............................................

............................................

............................................

............................................

............................................

............................................

............................................

............................................

## Instructions

.........................................................................

.........................................................................

.........................................................................

.........................................................................

.........................................................................

.........................................................................

.........................................................................

.........................................................................

.........................................................................

.........................................................................

.........................................................................

.........................................................................

.........................................................................

.........................................................................

## Notes

.........................................................................

.........................................................................

Recipe: ..................................................................................

Source: ..................................................................................

Serves: ............ Prep Time: ................ Cook Time: .................

## Ingredients

.............................................................

.............................................................

.............................................................

.............................................................

.............................................................

.............................................................

.............................................................

.............................................................

.............................................................

.............................................................

.............................................................

.............................................................

.............................................................

.............................................................

.............................................................

## Instructions

..................................................................................

..................................................................................

..................................................................................

..................................................................................

..................................................................................

..................................................................................

..................................................................................

..................................................................................

..................................................................................

..................................................................................

..................................................................................

..................................................................................

..................................................................................

..................................................................................

..................................................................................

## Notes

..................................................................................

..................................................................................

Recipe: ........................................................................................

Source: ........................................................................................

Serves: ............ Prep Time: ................ Cook Time: ..................

## Ingredients

.................................................

.................................................

.................................................

.................................................

.................................................

.................................................

.................................................

.................................................

.................................................

.................................................

.................................................

.................................................

.................................................

.................................................

.................................................

## Instructions

.................................................................................

.................................................................................

.................................................................................

.................................................................................

.................................................................................

.................................................................................

.................................................................................

.................................................................................

.................................................................................

.................................................................................

.................................................................................

.................................................................................

.................................................................................

.................................................................................

.................................................................................

## Notes

.................................................................................

.................................................................................

Recipe: .................................................................

Source: .................................................................

Serves: ............ Prep Time: ................ Cook Time: ................

## Ingredients

.................................................

.................................................

.................................................

.................................................

.................................................

.................................................

.................................................

.................................................

.................................................

.................................................

.................................................

.................................................

.................................................

.................................................

.................................................

## Instructions

...........................................................................

...........................................................................

...........................................................................

...........................................................................

...........................................................................

...........................................................................

...........................................................................

...........................................................................

...........................................................................

...........................................................................

...........................................................................

...........................................................................

...........................................................................

...........................................................................

...........................................................................

## Notes

...........................................................................

...........................................................................

Recipe: ...........................................................................................................

Source: ...........................................................................................................

Serves: ............. Prep Time: ................. Cook Time: ..................

## Ingredients

## Instructions

...........................................     ...................................................................................

...........................................     ...................................................................................

...........................................     ...................................................................................

...........................................     ...................................................................................

...........................................     ...................................................................................

...........................................     ...................................................................................

...........................................     ...................................................................................

...........................................     ...................................................................................

...........................................     ...................................................................................

...........................................     ...................................................................................

...........................................     ...................................................................................

...........................................     ...................................................................................

...........................................     ...................................................................................

...........................................     ...................................................................................

...........................................     ...................................................................................

## Notes

...................................................................................................................

...................................................................................................................

Recipe: ....................................................................................

Source: ....................................................................................

Serves: ............ Prep Time: ............... Cook Time: .................

## Ingredients

...............................................................

...............................................................

...............................................................

...............................................................

...............................................................

...............................................................

...............................................................

...............................................................

...............................................................

...............................................................

...............................................................

...............................................................

...............................................................

...............................................................

...............................................................

## Instructions

......................................................................................................

......................................................................................................

......................................................................................................

......................................................................................................

......................................................................................................

......................................................................................................

......................................................................................................

......................................................................................................

......................................................................................................

......................................................................................................

......................................................................................................

......................................................................................................

......................................................................................................

......................................................................................................

## Notes

......................................................................................................

......................................................................................................

Recipe: ............................................................................

Source: ............................................................................

Serves: .............. Prep Time: ................ Cook Time: ..................

## Ingredients

..................................................

..................................................

..................................................

..................................................

..................................................

..................................................

..................................................

..................................................

..................................................

..................................................

..................................................

..................................................

..................................................

..................................................

..................................................

## Instructions

.........................................................................................

.........................................................................................

.........................................................................................

.........................................................................................

.........................................................................................

.........................................................................................

.........................................................................................

.........................................................................................

.........................................................................................

.........................................................................................

.........................................................................................

.........................................................................................

.........................................................................................

.........................................................................................

.........................................................................................

## Notes

.........................................................................................

.........................................................................................

Recipe: ..................................................................................................

Source: ..................................................................................................

Serves: ............. Prep Time: ................. Cook Time: ...................

## Ingredients

..............................................

..............................................

..............................................

..............................................

..............................................

..............................................

..............................................

..............................................

..............................................

..............................................

..............................................

..............................................

..............................................

..............................................

## Instructions

..................................................................................................

..................................................................................................

..................................................................................................

..................................................................................................

..................................................................................................

..................................................................................................

..................................................................................................

..................................................................................................

..................................................................................................

..................................................................................................

..................................................................................................

..................................................................................................

..................................................................................................

..................................................................................................

## Notes

..................................................................................................

..................................................................................................

Recipe: .............................................................................................

Source: .............................................................................................

Serves: ............ Prep Time: ............... Cook Time: .................

## Ingredients

## Instructions

..................................................    ..................................................................

..................................................    ..................................................................

..................................................    ..................................................................

..................................................    ..................................................................

..................................................    ..................................................................

..................................................    ..................................................................

..................................................    ..................................................................

..................................................    ..................................................................

..................................................    ..................................................................

..................................................    ..................................................................

..................................................    ..................................................................

..................................................    ..................................................................

..................................................    ..................................................................

..................................................    ..................................................................

..................................................    ..................................................................

## Notes

.....................................................................................................................

.....................................................................................................................

Recipe: ..........................................................................................

Source: ..........................................................................................

Serves: ............ Prep Time: ................ Cook Time: ................

## Ingredients

..............................................

..............................................

..............................................

..............................................

..............................................

..............................................

..............................................

..............................................

..............................................

..............................................

..............................................

..............................................

..............................................

..............................................

..............................................

## Instructions

..................................................................................

..................................................................................

..................................................................................

..................................................................................

..................................................................................

..................................................................................

..................................................................................

..................................................................................

..................................................................................

..................................................................................

..................................................................................

..................................................................................

..................................................................................

..................................................................................

..................................................................................

## Notes

..............................................................................................................

..............................................................................................................

Recipe: .......................................................................................

Source: .......................................................................................

Serves: ............ Prep Time: ................ Cook Time: ..................

## Ingredients

........................................................
........................................................
........................................................
........................................................
........................................................
........................................................
........................................................
........................................................
........................................................
........................................................
........................................................
........................................................
........................................................
........................................................
........................................................

## Instructions

...............................................................................................
...............................................................................................
...............................................................................................
...............................................................................................
...............................................................................................
...............................................................................................
...............................................................................................
...............................................................................................
...............................................................................................
...............................................................................................
...............................................................................................
...............................................................................................
...............................................................................................
...............................................................................................
...............................................................................................

## Notes

...............................................................................................
...............................................................................................

Recipe: ....................................................................................................

Source: ....................................................................................................

Serves: ............ Prep Time: ................ Cook Time: ..................

## Ingredients

## Instructions

........................................    ........................................................................

........................................    ........................................................................

........................................    ........................................................................

........................................    ........................................................................

........................................    ........................................................................

........................................    ........................................................................

........................................    ........................................................................

........................................    ........................................................................

........................................    ........................................................................

........................................    ........................................................................

........................................    ........................................................................

........................................    ........................................................................

........................................    ........................................................................

........................................    ........................................................................

........................................    ........................................................................

## Notes

....................................................................................................

....................................................................................................

Recipe: ..................................................................................

Source: ..................................................................................

Serves: ............ Prep Time: ................ Cook Time: ..................

## Ingredients

## Instructions

............................................    ........................................................................

............................................    ........................................................................

............................................    ........................................................................

............................................    ........................................................................

............................................    ........................................................................

............................................    ........................................................................

............................................    ........................................................................

............................................    ........................................................................

............................................    ........................................................................

............................................    ........................................................................

............................................    ........................................................................

............................................    ........................................................................

............................................    ........................................................................

............................................    ........................................................................

## Notes

..................................................................................................................

..................................................................................................................

Recipe: .......................................................................................

Source: .......................................................................................

Serves: ............ Prep Time: ................ Cook Time: ..................

## Ingredients

## Instructions

..........................................  ...........................................................................

..........................................  ...........................................................................

..........................................  ...........................................................................

..........................................  ...........................................................................

..........................................  ...........................................................................

..........................................  ...........................................................................

..........................................  ...........................................................................

..........................................  ...........................................................................

..........................................  ...........................................................................

..........................................  ...........................................................................

..........................................  ...........................................................................

..........................................  ...........................................................................

..........................................  ...........................................................................

..........................................  ...........................................................................

..........................................  ...........................................................................

## Notes

.............................................................................................................

.............................................................................................................

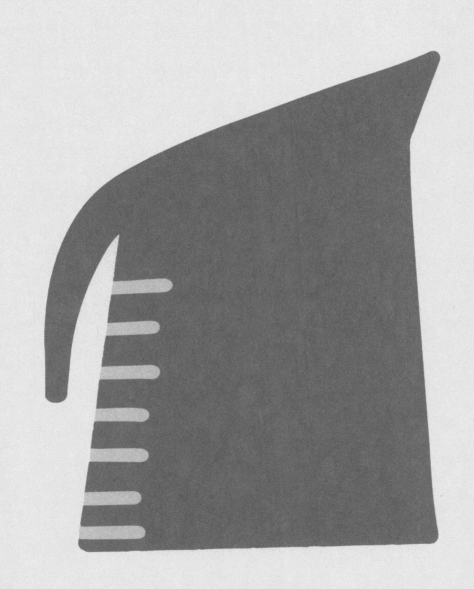

# MEASUREMENT CONVERSIONS

## VOLUME EQUIVALENTS (LIQUID)

| US STANDARD | US STANDARD (OUNCES) | METRIC (APPROXIMATE) |
|---|---|---|
| 2 TABLESPOONS | 1 FL. OZ. | 30 ML |
| ¼ CUP | 2 FL. OZ. | 60 ML |
| ½ CUP | 4 FL. OZ. | 120 ML |
| 1 CUP | 8 FL. OZ. | 240 ML |
| 1½ CUPS | 12 FL. OZ. | 355 ML |
| 2 CUPS OR 1 PINT | 16 FL. OZ. | 475 ML |
| 4 CUPS OR 1 QUART | 32 FL. OZ. | 1 L |
| 1 GALLON | 128 FL. OZ. | 4 L |

## OVEN TEMPERATURES

| FAHRENHEIT (F) | CELSIUS (C) (APPROXIMATE) |
|---|---|
| 250° | 120° |
| 300° | 150° |
| 325° | 165° |
| 350° | 180° |
| 375° | 190° |
| 400° | 200° |
| 425° | 220° |
| 450° | 230° |

## VOLUME EQUIVALENTS (DRY)

| US STANDARD | METRIC (APPROXIMATE) |
|---|---|
| ⅛ TEASPOON | 0.5 ML |
| ¼ TEASPOON | 1 ML |
| ½ TEASPOON | 2 ML |
| ¾ TEASPOON | 4 ML |
| 1 TEASPOON | 5 ML |
| 1 TABLESPOON | 15 ML |
| ¼ CUP | 59 ML |
| ⅓ CUP | 79 ML |
| ½ CUP | 118 ML |
| ⅔ CUP | 156 ML |
| ¾ CUP | 177 ML |
| 1 CUP | 235 ML |
| 2 CUPS OR 1 PINT | 475 ML |
| 3 CUPS | 700 ML |
| 4 CUPS OR 1 QUART | 1 L |

## WEIGHT EQUIVALENTS

| US STANDARD | METRIC (APPROXIMATE) |
|---|---|
| ½ OUNCE | 15 G |
| 1 OUNCE | 30 G |
| 2 OUNCES | 60 G |
| 4 OUNCES | 115 G |
| 8 OUNCES | 225 G |
| 12 OUNCES | 340 G |
| 16 OUNCES OR 1 POUND | 455 G |

For general information on our other products and services or to obtain technical support, please contact our Customer Care Department within the United States at (866) 744-2665, or outside the United States at (510) 253-0500.

Rockridge Press publishes its books in a variety of electronic and print formats. Some content that appears in print may not be available in electronic books, and vice versa.

Interior and Cover Designer: Patricia Fabricant
Art Producer: Megan Baggott
Editor: Myryah Irby
Production Manager: Martin Worthington

Illustrations: ArtPavo/Creative Market

ISBN: Print 978-1-64611-905-9

R0

CPSIA information can be obtained
at www.ICGtesting.com
Printed in the USA
LVHW071057100420
652577LV00012B/12